Landesbauordnung Nordrhein-Westfalen

Stand Januar 2023

mit ergänzenden Vorschriften

BauPrüfVO

Verwaltungsvorschrift Technische Baubestimmungen NRW

Feuerungsverordnung

Pessima tempora plurimae leges

Landesbauordnung Nordrhein-Westfalen (BauO NRW)

Textausgabe für Studium und Beruf

3. Auflage 2023

Die Deutsche Nationalbibliothek verzeichnet diese Publikation in der Deutschen Nationalbibliografie; detaillierte bibliografische Daten sind im Internet über dnb.dnb.de abrufbar.

Kontakt: www.deutscher-rechtstexte-verlag.de

Redaktion und Gestaltung: Deutscher Rechtstexte Verlag

Ext. Dienstleister für die Herstellung: Books on Demand - BoD Norderstedt

Wir sind bemüht, ein ansprechendes Produkt zu gestalten, dass angemessenen Ansprüchen an das Preis/Leistungsverhältnis und vernünftigen Qualitätserwartungen gerecht wird. Konstruktive Anregungen nutzen wir gerne, um künftige Auflagen zu ergänzen und anzupassen. Kontaktieren Sie uns gerne über www.deutscher-rechtstexte-verlag.de

Trotz sorgfältigster Bearbeitung und Qualitätskontrolle können Übertragungsfehler und technische Fehler nicht letztgültig ausgeschlossen werden. Fachanwaltliche Beratung wird durch die Konsultation einer Rechtssammlung nicht ersetzt.

Inhaltsverzeichnis

Bauordnung für das Land Nordrhein-Westfalen (Landesbauordnung 2018 – BauO NRW 2018)

Vom 21. Juli 2018 (Fn 1)

FN 1: In Kraft getreten am 4. August 2018 und am 1. Januar 2019 (GV. NRW. 2018 S. 421); geändert durch Artikel 7 des Gesetzes vom 26. März 2019 (GV. NRW. S. 193), in Kraft getreten am 10. April 2019; Artikel 13 des Gesetzes vom 14. April 2020 (GV. NRW. S. 218b), in Kraft getreten am 15. April 2020; Artikel 1 des Gesetzes vom 1. Dezember 2020 (GV. NRW. S. 1109), in Kraft getreten am 8. Dezember 2020; Gesetz vom 30. Juni 2021 (GV. NRW. S. 822), in Kraft getreten am 2. Juli 2021; Artikel 3 des Gesetzes vom 14. September 2021 (GV. NRW. S. 1086), in Kraft getreten am 22. September 2021.

Erster Teil
Allgemeine Vorschriften

§ 1
Anwendungsbereich

(1) Dieses Gesetz gilt für bauliche Anlagen und Bauprodukte. Es gilt auch für Grundstücke sowie für andere Anlagen und Einrichtungen, an die in diesem Gesetz oder in Vorschriften aufgrund dieses Gesetzes Anforderungen gestellt werden.

(2) Dieses Gesetz gilt nicht für

1. Anlagen des öffentlichen Verkehrs einschließlich Zubehör, Nebenanlagen und Nebenbetrieben, ausgenommen Gebäude,

2. Anlagen, die der Bergaufsicht unterliegen, ausgenommen Gebäude,

3. Leitungen, die der öffentlichen Versorgung mit Wasser, Gas, Elektrizität, Wärme, der öffentlichen Abwasserentsorgung oder der Telekommunikation dienen,

4. Rohrleitungen, die dem Ferntransport von Stoffen dienen,

5. Kräne und Krananlagen sowie

6. Messestände in Messe- und Ausstellungsgebäuden.

§ 2 (Fn 5)
Begriffe

(1) Bauliche Anlagen sind mit dem Erdboden verbundene, aus Bauprodukten hergestellte Anlagen. Eine Verbindung mit dem Boden besteht auch dann, wenn die Anlage durch eigene Schwere auf dem Boden ruht oder auf ortsfesten Bahnen begrenzt beweglich ist oder wenn die Anlage nach ihrem Verwendungszweck dazu bestimmt ist, überwiegend ortsfest benutzt zu werden.

Bauliche Anlagen sind auch

1. Aufschüttungen und Abgrabungen,

2. Lagerplätze, Abstellplätze und Ausstellungsplätze,

3. Sport- und Spielflächen,

4. Campingplätze, Wochenendplätze und Zeltplätze,

5. Stellplätze für Kraftfahrzeuge und Fahrradabstellplätze,

6. Gerüste und

7. Hilfseinrichtungen zur statischen Sicherung von Bauzuständen.

Anlagen sind bauliche Anlagen und sonstige Anlagen und Einrichtungen im Sinne des § 1 Absatz 1 Satz 2.

(2) Gebäude sind selbständig benutzbare, überdeckte bauliche Anlagen, die von Menschen betreten werden können und geeignet oder bestimmt sind, dem Schutz von Menschen, Tieren oder Sachen zu dienen.

(3) Gebäude werden in folgende Gebäudeklassen eingeteilt:

1. Gebäudeklasse 1:

a) freistehende Gebäude mit einer Höhe bis zu 7 m und nicht mehr als zwei Nutzungseinheiten von insgesamt nicht mehr als 400 m² und

b) freistehende land- oder forstwirtschaftlich genutzte Gebäude und Gebäude vergleichbarer Nutzung,

2. Gebäudeklasse 2:

Gebäude mit einer Höhe bis zu 7 m und nicht mehr als zwei Nutzungseinheiten von insgesamt nicht mehr als 400 m²,

3. Gebäudeklasse 3:

sonstige Gebäude mit einer Höhe bis zu 7 m,

4. Gebäudeklasse 4:

Gebäude mit einer Höhe bis zu 13 m und Nutzungseinheiten mit jeweils nicht mehr als 400 m² in einem Geschoss sowie

5. Gebäudeklasse 5:

sonstige Gebäude einschließlich unterirdischer Gebäude.

Höhe im Sinne des Satzes 1 ist das Maß der Fußbodenoberkante des höchstgelegenen Geschosses, in dem ein Aufenthaltsraum möglich ist, über der Geländeoberfläche im Mittel. Die Grundflächen der Nutzungseinheiten im Sinne dieses Gesetzes sind die Brutto-Grundflächen. Bei der Berechnung der Brutto-Grundflächen nach Satz 1 bleiben Flächen in Kellergeschossen außer Betracht.

(4) Geländeoberfläche ist die Fläche, die sich aus der Baugenehmigung oder den Festsetzungen des Bebauungsplans ergibt, im Übrigen die natürliche Geländeoberfläche.

(5) Geschosse sind oberirdische Geschosse, wenn ihre Deckenoberkanten im Mittel mehr als 1,60 m über die Geländeoberfläche hinausragen, im Übrigen sind sie Kellergeschosse. Hohlräume zwischen der obersten Decke und der Bedachung, in denen Aufenthaltsräume nicht möglich sind, sind keine Geschosse.

(6) Vollgeschosse sind oberirdische Geschosse, die eine lichte Höhe von mindestens 2,30 m haben. Ein Geschoss ist nur dann ein Vollgeschoss, wenn es die in Satz 1 genannte Höhe über mehr als drei Viertel der Grundfläche des darunterliegenden Geschosses hat.

(7) Aufenthaltsräume sind Räume, die zum nicht nur vorübergehenden Aufenthalt von Menschen bestimmt oder geeignet sind.

(8) Stellplätze sind Flächen, die dem Abstellen von Kraftfahrzeugen und Fahrrädern außerhalb der öffentlichen Verkehrsflächen dienen. Garagen sind Gebäude oder Gebäudeteile zum Abstellen von Kraftfahrzeugen und/oder Fahrrädern. Ausstellungs-, Verkaufs-, Werk- und Lagerräume für Kraftfahrzeuge sind keine Stellplätze oder Garagen.

(9) Feuerstätten sind in oder an Gebäuden ortsfest benutzte Anlagen oder Einrichtungen, die dazu bestimmt sind, durch Verbrennung Wärme zu erzeugen.

(10) Barrierefrei sind bauliche Anlagen, soweit sie für alle Menschen, insbesondere für Menschen mit Behinderungen, in der allgemein üblichen Weise, ohne besondere Erschwernis und grundsätzlich ohne fremde Hilfe auffindbar, zugänglich und nutzbar sind.

(11) Bauprodukte sind

1. Produkte, Baustoffe, Bauteile und Anlagen sowie Bausätze gemäß Artikel 2 Nummer 2 der Verordnung (EU) Nr. 305/2011 des Europäischen Parlaments und des Rates vom 9. März 2011 zur Festlegung harmonisierter Bedingungen für die Vermarktung von Bauprodukten und zur Aufhebung der Richtlinie 89/106/EWG des Rates (ABl. L 88 vom 4.4.2011, S. 5, L 103 vom 12.4.2013, S. 10, L 92 vom 8.4.2015, S. 118), die zuletzt durch Verordnung (EU) Nr. 574/2014 (ABl. L 159 vom 28.5.2014, S. 41) geändert worden ist, die hergestellt werden, um dauerhaft in bauliche Anlagen eingebaut zu werden und
2. aus Produkten, Baustoffen, Bauteilen sowie Bausätzen gemäß Artikel 2 Nummer 2 der Verordnung (EU) Nr. 305/2011 vorgefertigte Anlagen, die hergestellt werden, um mit dem Erdboden verbunden zu werden

und deren Verwendung sich auf die Anforderungen nach § 3 Absatz 1 Satz 1 auswirken kann.

(12) Bauart ist das Zusammenfügen von Bauprodukten zu baulichen Anlagen oder Teilen von baulichen Anlagen.

§ 3 (Fn 6)
Allgemeine Anforderungen

(1) Anlagen sind so anzuordnen, zu errichten, zu ändern und instand zu halten, dass die öffentliche Sicherheit und Ordnung, insbesondere Leben, Gesundheit und die natürlichen Lebensgrundlagen, nicht gefährdet werden, dabei sind die Grundanforderungen an Bauwerke gemäß Anhang I der Verordnung (EU) Nr. 305/2011 zu berücksichtigen. Dies gilt auch für die Beseitigung von Anlagen und bei der Änderung ihrer Nutzung. Anlagen müssen bei ordnungsgemäßer Instandhaltung die allgemeinen Anforderungen des Satzes 1 ihrem Zweck entsprechend dauerhaft erfüllen und ohne Missstände benutzbar sein.

(2) Die der Wahrung der Belange nach Absatz 1 dienenden allgemein anerkannten Regeln der Technik sind zu beachten. Von diesen Regeln kann abgewichen werden, wenn eine andere Lösung in gleicher Weise die Anforderungen des Absatzes 1 erfüllt. Als allgemein anerkannte

Regeln der Technik gelten auch die von der obersten Bauaufsichtsbehörde durch Verwaltungsvorschrift als Technische Baubestimmungen eingeführten technischen Regeln.

Zweiter Teil
Das Grundstück und seine Bebauung

§ 4 (Fn 7)
Bebauung der Grundstücke mit Gebäuden

(1) Gebäude dürfen nur errichtet werden, wenn gesichert ist, dass ab Beginn ihrer Nutzung das Grundstück in für die Zufahrt und den Einsatz von Feuerlösch- und Rettungsgeräten angemessener Breite an einer befahrbaren öffentlichen Verkehrsfläche liegt oder wenn das Grundstück eine befahrbare, öffentlich-rechtlich gesicherte Zufahrt zu einer befahrbaren öffentlichen Verkehrsfläche hat und die erforderlichen Anlagen zur Versorgung mit Löschwasser vorhanden und benutzbar sind. Wohnwege, an denen nur Gebäude der Gebäudeklassen 1 bis 3 zulässig sind, brauchen nur befahrbar zu sein, wenn sie länger als 50 m sind.

(2) Ein Gebäude auf mehreren Grundstücken ist nur zulässig, wenn öffentlich-rechtlich gesichert ist, dass dadurch keine Verhältnisse eintreten können, die Vorschriften dieses Gesetzes oder den aufgrund dieses Gesetzes erlassenen Vorschriften zuwiderlaufen. Dies gilt bei bestehenden Gebäuden nicht für eine Außenwand- und Dachdämmung. Satz 2 gilt entsprechend für die mit der Wärmedämmung zusammenhängenden notwendigen Änderungen von Bauteilen. Eine nach Satz 2 zulässige Überbauung ändert die Abstandsflächen des Gebäudes nicht.

§ 5
Zugänge und Zufahrten auf den Grundstücken

(1) Von öffentlichen Verkehrsflächen ist insbesondere für die Feuerwehr ein geradliniger Zu- oder Durchgang zu rückwärtigen Gebäuden zu schaffen, zu anderen Gebäuden ist er zu schaffen, wenn der zweite Rettungsweg dieser Gebäude über Rettungsgeräte der Feuerwehr

führt. Zu Gebäuden, bei denen die Oberkante der Brüstung von zum Anleitern bestimmten Fenstern oder Stellen mehr als 8 m über Gelände liegt, ist in den Fällen des Satzes 1 anstelle eines Zu- oder Durchgangs eine Zu- oder Durchfahrt zu schaffen. Ist für die Personenrettung der Einsatz von Hubrettungsfahrzeugen erforderlich, sind die dafür erforderlichen Aufstell- und Bewegungsflächen vorzusehen. Bei Gebäuden, die ganz oder mit Teilen mehr als 50 m von einer öffentlichen Verkehrsfläche entfernt sind, sind Zufahrten oder Durchfahrten nach Satz 2 zu den vor und hinter den Gebäuden gelegenen Grundstücksteilen und Bewegungsflächen herzustellen, wenn sie aus Gründen des Feuerwehreinsatzes erforderlich sind. Soweit erforderliche Flächen nicht auf dem Grundstück liegen, müssen sie öffentlich-rechtlich gesichert sein.

(2) Zu- und Durchfahrten, Aufstellflächen und Bewegungsflächen müssen für Feuerwehrfahrzeuge ausreichend befestigt und tragfähig sein. Sie sind als solche zu kennzeichnen und ständig frei zu halten. Die Kennzeichnung von Zufahrten muss von der öffentlichen Verkehrsfläche aus sichtbar sein. Fahrzeuge dürfen auf den Flächen nach Satz 1 nicht abgestellt werden.

§ 6 (Fn 8)
Abstandsflächen

(1) Vor den Außenwänden von Gebäuden sind Abstandsflächen von oberirdischen Gebäuden freizuhalten. Satz 1 gilt entsprechend für andere Anlagen gegenüber Gebäuden und Grundstücksgrenzen soweit sie

1. höher als 2 m über der Geländeoberfläche sind und von ihnen Wirkungen wie von Gebäuden ausgehen oder

2. höher als 1 m über der Geländeoberfläche sind und dazu geeignet sind, von Menschen betreten zu werden.

Eine Abstandsfläche ist nicht erforderlich vor Außenwänden, die an Grundstücksgrenzen errichtet werden, wenn nach planungsrechtlichen Vorschriften

1. an die Grenze gebaut werden muss, oder

2. an die Grenze gebaut werden darf, wenn gesichert ist, dass auf dem Nachbargrundstück ohne Grenzabstand gebaut wird.

(2) Abstandsflächen müssen auf dem Grundstück selbst liegen. Sie dürfen auch auf öffentlichen Verkehrs-, Grün- und Wasserflächen liegen, jedoch nur bis zu deren Mitte. Abstandsflächen dürfen sich ganz oder teilweise auf andere Grundstücke erstrecken, wenn öffentlich-rechtlich gesichert ist, dass sie nur mit in der Abstandsfläche zulässigen baulichen Anlagen überbaut werden; Abstandsflächen dürfen auf die auf diesen Grundstücken erforderlichen Abstandsflächen nicht angerechnet werden.

(3) Die Abstandsflächen dürfen sich nicht überdecken, dies gilt nicht für

1. Außenwände, die in einem Winkel von mehr als 75 Grad zueinanderstehen,

2. Außenwände zu einem fremder Sicht entzogenen Gartenhof bei Wohngebäuden der Gebäudeklassen 1 und 2 sowie
3. Gebäude und andere bauliche Anlagen, die in den Abstandsflächen zulässig sind oder gestattet werden.

(4) Die Tiefe der Abstandsfläche bemisst sich nach der Wandhöhe; sie wird senkrecht zur Wand gemessen. Wandhöhe ist das Maß von der Geländeoberfläche bis zur Schnittlinie der Wand mit der Dachhaut oder bis zum oberen Abschluss der Wand. Besteht eine Außenwand aus Wandteilen unterschiedlicher Höhe, so ist die Wandhöhe je Wandteil zu ermitteln. Bei geneigter Geländeoberfläche ist die im Mittel gemessene Wandhöhe maßgebend. Diese ergibt sich aus den Wandhöhen an den Gebäudekanten oder den vertikalen Begrenzungen der Wandteile. Abgrabungen, die der Belichtung oder dem Zugang oder

der Zufahrt zu einem Gebäude dienen, bleiben bei der Ermittlung der Abstandsfläche außer Betracht, auch soweit sie nach § 8 Absatz 5 die Geländeoberfläche zulässigerweise verändern. Zur Wandhöhe werden hinzugerechnet:
1. voll die Höhe von

a) Dächern und Dachteilen mit einer Dachneigung von mehr als 70 Grad und

b) Giebelflächen im Bereich dieser Dächer und Dachteile, wenn beide Seiten eine Dachneigung von mehr als 70 Grad haben,

2. zu einem Drittel die Höhe von

a) Dächern und Dachteilen mit einer Dachneigung von mehr als 45 Grad,

b) Dächern mit Dachgauben oder Dachaufbauten, deren Gesamtlänge je Dachfläche mehr als die Hälfte der darunterliegenden Gebäudewand beträgt und

c) Giebelflächen im Bereich von Dächern und Dachteilen, wenn nicht beide Seiten eine Dachneigung von mehr als 70 Grad haben.

Das sich ergebende Maß ist H.

(5) Die Tiefe der Abstandsflächen beträgt 0,4 H, mindestens 3 m. In Gewerbe- und Industriegebieten sowie für Antennenanlagen im Außenbereich genügt eine Tiefe von 0,2 H, in Kerngebieten von 0,25 H, jedoch jeweils mindestens 3 m. Zu öffentlichen Verkehrs-, Grün- und Wasserflächen beträgt die Tiefe der Abstandsfläche in Kerngebieten und urbanen Gebieten 0,2 H, mindestens 3 m. Zu angrenzenden anderen Baugebieten gilt die jeweils größere Tiefe der Abstandsfläche. Vor den Außenwänden von Wohngebäuden der Gebäudeklassen 1 und 2 mit nicht mehr als drei oberirdischen Geschossen genügt als Tiefe der Abstandsfläche 3 m. Werden von einer städtebaulichen Satzung oder

einer Satzung nach § 89 Außenwände zugelassen oder vorgeschrieben, vor denen Abstandsflächen größerer oder geringerer Tiefe als nach den Sätzen 1 bis 3 liegen müssten, finden die Sätze 1 bis 3 keine Anwendung, es sei denn, die Satzung ordnet die Geltung dieser Vorschriften an.

(6) Bei der Bemessung der Abstandsflächen bleiben außer Betracht

1. nicht mehr als 1,50 m vor die Außenwand vortretende Bauteile wie Gesimse und Dachüberstände,

2. Vorbauten, wenn sie

a) insgesamt nicht mehr als ein Drittel der Breite der jeweiligen Außenwand in Anspruch nehmen,

b) nicht mehr als 1,60 m vor diese Außenwand vortreten und

c) mindestens 2 m von der gegenüberliegenden Nachbargrenze entfernt bleiben, sowie

3. bei Gebäuden an der Grundstücksgrenze die Seitenwände von Vorbauten und Dachaufbauten, auch wenn sie nicht an der Grundstücksgrenze errichtet werden.

(7) Bei der Bemessung der Abstandsflächen bleiben Maßnahmen zum Zwecke der Energieeinsparung und Solaranlagen an bestehenden Gebäuden unabhängig davon, ob diese den Anforderungen der Absätze 2 bis 6 entsprechen, außer Betracht, wenn sie

1. eine Stärke von nicht mehr als 0,30 m aufweisen und

2. mindestens 2,50 m von der Nachbargrenze zurückbleiben.

Führen Maßnahmen zum Zwecke der Energieeinsparung nach Satz 1 zu einer größeren Wandhöhe, bleibt dies bei der Bemessung der Abstandsflächen außer Betracht.

§ 4 Absatz 2 Satz 2 und 3 gilt entsprechend, § 69 Absatz 1 Satz 1 und 2 bleiben unberührt.

(8) In den Abstandsflächen eines Gebäudes sowie ohne eigene Abstandsflächen sind, auch wenn sie nicht an die Grundstücksgrenze oder an das Gebäude angebaut werden, zulässig

1. Gebäude bis zu 30 m³ Brutto-Rauminhalt ohne Aufenthaltsräume sowie Garagen einschließlich Abstellräumen, jeweils mit einer mittleren Wandhöhe bis zu 3 m, auch wenn sie über einen Zugang zu einem anderen Gebäude verfügen, dies gilt auch für Garagen, die keine selbständigen Gebäude sind,
2. Feuerstätten mit einer Nennleistung bis 28 kW und Wärmepumpen mit entsprechender Leistung in Gebäuden nach Nummer 1,
3. Zufahrten zu Tiefgaragen und Stellplätze, soweit diese überdacht sind,
4. Aufzüge zu Tiefgaragen,
5. gebäudeunabhängige Solaranlagen mit einer Höhe bis zu 3 m, Solaranlagen an und auf Gebäuden nach Nummer 1 sowie
6. Stützmauern und geschlossene Einfriedungen in Gewerbe- und Industriegebieten, außerhalb dieser Baugebiete mit einer Höhe bis zu 2 m.

Die Gesamtlänge der Bebauung nach Satz 1 Nummern 1 bis 5 darf je Nachbargrenze 9 m und auf einem Grundstück zu allen Nachbargrenzen insgesamt 15 m nicht überschreiten.

(9) Bei der Änderung von vor dem 1. Januar 2019 zulässigerweise errichteten Gebäuden bleiben Aufzüge, die vor die Außenwand vortreten, bei der Bemessung der Abstandsflächen außer Betracht, wenn sie nicht breiter als 2,50 m und nicht höher als 0,50 m über dem oberen Abschluss des obersten angefahrenen Geschosses sind, nicht mehr als 2,50 m vor die Außenwand vortreten und von den gegenüberliegenden Nachbargrenzen mindestens 1,50 m entfernt sind.

(10) Liegen sich Wände desselben Gebäudes oder Wände von Gebäuden auf demselben Grundstück gegenüber, so können geringere Abstandsflächen als nach Absatz 5 gestattet werden, wenn die Belichtung der Räume nicht wesentlich beeinträchtigt wird und wenn wegen des Brandschutzes Bedenken nicht bestehen.

(11) Bei Gebäuden, die ohne Einhaltung von Abstandsflächen oder mit geringeren Tiefen der Abstandsflächen als nach Absatz 5 bestehen, sind zulässig

1. Änderungen innerhalb des Gebäudes,

2. Nutzungsänderungen, wenn der Abstand des Gebäudes zu den Nachbargrenzen mindestens 2,50 m beträgt und

3. Änderungen, wenn der Abstand des Gebäudes zu den Nachbargrenzen mindestens 2,50 m beträgt, ohne Veränderung von Länge und Höhe der diesen Nachbargrenzen zugekehrten Wände und Dachflächen und ohne Einrichtung neuer Öffnungen oder Vergrößerung bestehender Öffnungen in diesen Wänden und Dachflächen.

Darüber hinaus gehende Änderungen und Nutzungsänderungen können unter Würdigung nachbarlicher Belange und der Belange des Brandschutzes gestattet werden.

Die Sätze 1 und 2 gelten nicht für Gebäude nach Absatz 8.

(12) In überwiegend bebauten Gebieten können geringere Tiefen der Abstandsflächen gestattet oder verlangt werden, wenn die Gestaltung des Straßenbildes oder besondere städtebauliche Verhältnisse dies auch unter Würdigung nachbarlicher Belange rechtfertigen. In den Gebieten nach Satz 1 kann gestattet werden, dass an der Stelle eines Gebäudes, das die Abstandsflächen nicht einhält, aber Bestandsschutz genießt, ein nach Kubatur gleichartiges Gebäude errichtet wird, wenn das Vorhaben ansonsten dem öffentlichen Recht entspricht und die Rechte der Angrenzer nicht nachteilig betroffen werden.

(13) Für Windenergieanlagen gelten die Absätze 4 bis 6 nicht. Bei diesen Anlagen bemisst sich die Tiefe der Abstandsfläche nach 50 Prozent ihrer größten Höhe. Die größte Höhe errechnet sich bei Anlagen mit Horizontalachse aus der Höhe der Rotorachse über der geometrischen Mitte des Mastes zuzüglich des Rotorradius. Die Abstandsfläche ist ein Kreis um den geometrischen Mittelpunkt des Mastes.

(14) Eine Abweichung von den Abstandsflächen kann nach § 69 zugelassen werden, wenn deren Schutzziele gewahrt bleiben. Eine atypische Grundstückssituation ist nicht erforderlich.

§ 7 (Fn 9)
Teilung von Grundstücken

(1) Die Teilung eines Grundstücks, das bebaut oder dessen Bebauung genehmigt ist oder das aufgrund einer Genehmigungsfreistellung bebaut werden darf, bedarf zu ihrer Wirksamkeit der Genehmigung der Bauaufsichtsbehörde. Die Genehmigung ist bei der Bauaufsichtsbehörde zu beantragen. Einer Genehmigung bedarf es nicht, wenn

1. die Teilung in öffentlich-rechtlichen Verwaltungsverfahren vorgenommen wird oder der Bund, das Land oder eine Gebietskörperschaft an der Teilung beteiligt ist, oder
2. eine mit der Wahrnehmung der Aufgaben befugte Person gemäß § 2 des Vermessungs- und Katastergesetzes in der Fassung vom 1. März 2005 (GV. NRW. S. 174), das zuletzt durch Artikel 16 des Gesetzes vom 14. April 2020 (GV. NRW. S. 218b) geändert worden ist, die bauordnungsrechtliche Unbedenklichkeit der Teilung bescheinigt hat. Bedarf die Teilung keiner Genehmigung, hat die Bauaufsichtsbehörde auf Antrag von Beteiligten darüber ein Zeugnis auszustellen. Das Zeugnis steht einer Genehmigung gleich.

(2) Die Genehmigung darf nur versagt werden, wenn durch die Teilung Verhältnisse geschaffen werden, die den Vorschriften dieses Gesetzes, den aufgrund dieses Gesetzes erlassenen Vorschriften oder den Festsetzungen des Bebauungsplanes zuwiderlaufen.

(3) § 70 Absatz 2 Satz 1 und 4 gelten entsprechend.

§ 8 (Fn 10)
Nicht überbaute Flächen der bebauten Grundstücke, Kinderspielplätze

(1) Die nicht mit Gebäuden oder vergleichbaren baulichen Anlagen überbauten Flächen der bebauten Grundstücke sind

1. wasseraufnahmefähig zu belassen oder herzustellen und

2. zu begrünen oder zu bepflanzen,

soweit dem nicht die Erfordernisse einer anderen zulässigen Verwendung der Flächen entgegenstehen. Satz 1 findet keine Anwendung, soweit Bebauungspläne oder andere Satzungen Festsetzungen zu den nicht überbauten Flächen treffen.

(2) Beim Neubau eines für eine Solarnutzung geeigneten offenen Parkplatzes, welcher einem Nicht-Wohngebäude dient, mit mehr als 35 Stellplätzen für Kraftfahrzeuge ist über der für eine Solarnutzung geeigneten Stellplatzfläche eine Photovoltaikanlage zu installieren, wenn der Antrag auf Baugenehmigung ab dem 1. Januar 2022 bei der unteren Bauaufsichtsbehörde eingeht. Die Installation einer solarthermischen Anlage zur Wärmeerzeugung steht der Erfüllung nach Satz 1 gleich. Satz 1 und 2 gelten nicht für Parkplätze,

1. die unmittelbar entlang der Fahrbahnen öffentlicher Straßen angeordnet sind, oder
2. sofern die Erfüllung sonstigen öffentlich-rechtlichen Pflichten widerspricht.

Die untere Bauaufsichtsbehörde kann insbesondere aus städtebaulichen Gründen Ausnahmen oder auf Antrag eine Befreiung nach Satz 1 und 2 erteilen, wenn die Erfüllung mit einem unverhältnismäßig hohen Aufwand verbunden ist.

(3) Im Eigentum des Landes Nordrhein-Westfalen stehende Freiflächen sollen über Absatz 1 hinaus vorbehaltlich der bestehenden baurechtlichen, satzungsrechtlichen, denkmalschützenden oder sonstigen rechtlichen Festlegungen angemessen begrünt oder bepflanzt werden. Absatz 2 gilt für im Eigentum des Landes Nordrhein-Westfalen stehende offene Parkplätze entsprechend. Den kommunalen Gebietskörperschaften wird empfohlen, hinsichtlich ihrer Freiflächen entsprechend Satz 1 sowie für offene Parkplätze nach Absatz 2 zu verfahren.

(4) Bei der Errichtung von Gebäuden mit mehr als drei Wohnungen ist auf dem Baugrundstück oder in unmittelbarer Nähe auf einem anderen geeigneten Grundstück, dessen dauerhafte Nutzung für diesen Zweck öffentlich-rechtlich gesichert sein muss, ein ausreichend großer Spielplatz für Kleinkinder anzulegen. Dies gilt nicht, wenn in unmittelbarer Nähe eine Gemeinschaftsanlage oder ein sonstiger für die Kinder nutzbarer Spielplatz geschaffen wird oder vorhanden oder ein solcher Spielplatz wegen der Art und der Lage der Wohnung nicht erforderlich ist. Bei bestehenden Gebäuden nach Satz 1 kann die Herstellung von Spielplätzen für Kleinkinder verlangt werden, wenn dies die Gesundheit und der Schutz der Kinder erfordern. Der Spielplatz muss barrierefrei erreichbar sein.

(5) Veränderungen der Geländeoberfläche dürfen nur genehmigt werden, wenn dadurch keine Nachteile für Nachbargrundstücke oder öffentliche Verkehrsflächen entstehen und das Straßen-, Orts- oder Landschaftsbild nicht gestört wird.

Dritter Teil
Bauliche Anlagen

Erster Abschnitt
Gestaltung

§ 9
Gestaltung

(1) Anlagen müssen nach Form, Maßstab, Verhältnis der Baumassen und Bauteile zueinander, Werkstoff und Farbe so gestaltet sein, dass sie nicht verunstaltet wirken.

(2) Anlagen sind mit ihrer Umgebung so in Einklang zu bringen, dass sie das Straßen-, Orts- oder Landschaftsbild nicht verunstalten oder deren beabsichtigte Gestaltung nicht stören. Auf die erhaltenswerten Eigenarten der Umgebung ist Rücksicht zu nehmen.

§ 10
Anlagen der Außenwerbung, Warenautomaten

(1) Anlagen der Außenwerbung (Werbeanlagen) sind alle ortsfesten Einrichtungen, die der Ankündigung oder Anpreisung oder als Hinweis auf Gewerbe oder Beruf dienen und vom öffentlichen Verkehrsraum aus sichtbar sind. Hierzu zählen insbesondere Schilder, Beschriftungen, Bemalungen, Lichtwerbungen, Schaukästen sowie für Zettelanschläge und Bogenanschläge oder für Lichtwerbung bestimmte Säulen, Tafeln und Flächen.

(2) Für Werbeanlagen, die bauliche Anlagen sind, gelten die in diesem Gesetz an bauliche Anlagen gestellten Anforderungen. Werbeanlagen, die keine baulichen Anlagen sind, dürfen weder bauliche Anlagen noch das Straßen-, Orts- und Landschaftsbild verunstalten oder die Sicherheit und Leichtigkeit des Verkehrs gefährden. Eine Verunstaltung liegt auch vor, wenn durch Werbeanlagen der Ausblick auf begrünte Flächen verdeckt oder die einheitliche Gestaltung und d ie architektonische Gliederung baulicher Anlagen gestört wird. Der Betrieb von Werbeanlagen darf nicht zu schädlichen Umwelteinwirkungen führen. Die störende Häufung von Werbeanlagen ist unzulässig.

(3) Außerhalb der im Zusammenhang bebauten Ortsteile sind Werbeanlagen unzulässig. Ausgenommen sind, soweit in anderen Vorschriften nichts anderes bestimmt ist,
1. Werbeanlagen an der Stätte der Leistung,

2. einzelne Hinweiszeichen an Verkehrsstraßen und Wegabzweigungen, die im Interesse des Verkehrs auf außerhalb der Ortsdurchfahrten liegende Betriebe oder versteckt liegende Stätten aufmerksam machen,
3. Schilder, die Inhaber und Art gewerblicher Betriebe kennzeichnen (Hinweisschilder), wenn sie vor Ortsdurchfahrten auf einer Tafel zusammengefasst sind,
4. Werbeanlagen an und auf Flugplätzen, Sportanlagen und Versammlungsstätten, soweit sie nicht in die freie Landschaft wirken, und

5. Werbeanlagen auf Ausstellungs- und Messegeländen.

(4) In Kleinsiedlungsgebieten, Dorfgebieten, reinen und allgemeinen Wohngebieten sind Werbeanlagen nur zulässig an der Stätte der Leistung sowie Anlagen für amtliche Mitteilungen und zur Unterrichtung der Bevölkerung über kirchliche, kulturelle, politische, sportliche und ähnliche Veranstaltungen, die jeweils freie Fläche dieser Anlagen darf auch für andere Werbung verwendet werden. In reinen Wohngebieten darf an der Stätte der Leistung nur mit Hinweisschildern geworben werden.

(5) Die Absätze 1 bis 3 gelten für Warenautomaten entsprechend.

(6) Die Vorschriften dieses Gesetzes sind nicht anzuwenden auf

1. Anschläge und Lichtwerbung an dafür genehmigten Säulen, Tafeln und Flächen,

2. Werbemittel an Zeitungs- und Zeitschriftenverkaufsstellen,

3. Auslagen und Dekorationen in Fenstern und Schaukästen und

4. Wahlwerbung für die Dauer eines Wahlkampfs.

Zweiter Abschnitt
Allgemeine Anforderungen an die Bauausführung

§ 11 (Fn 5)
Baustelle

(1) Baustellen sind so einzurichten, dass bauliche Anlagen ordnungsgemäß errichtet, geändert oder beseitigt werden können und Gefahren oder vermeidbare Belästigungen nicht entstehen.

(2) Bei Bauarbeiten, durch die unbeteiligte Personen gefährdet werden können, ist die Gefahrenzone abzugrenzen und durch Warnzeichen zu kennzeichnen. Soweit erforderlich, sind Baustellen mit einem Bauzaun abzugrenzen, mit Schutzvorrichtungen gegen herabfallende Gegenstände zu versehen und zu beleuchten.

(3) Bei der Ausführung nicht verfahrensfreier Bauvorhaben hat die Bauherrin oder der Bauherr an der Baustelle ein Schild, das die Bezeichnung des Bauvorhabens sowie die Namen und Anschriften der entwurfsverfassenden Person, der Bauleitung und der Unternehmer für den Rohbau enthalten muss, dauerhaft und von der öffentlichen Verkehrsfläche aus sichtbar anzubringen.

(4) Bäume, Hecken und sonstige Bepflanzungen, die aufgrund anderer Rechtsvorschriften zu erhalten sind, müssen während der Bauausführung geschützt werden.

§ 12
Standsicherheit

(1) Jede bauliche Anlage muss im Ganzen und in ihren einzelnen Teilen sowie für sich allein standsicher sein. Die Standsicherheit anderer baulicher Anlagen und die Tragfähigkeit des Baugrundes der Nachbargrundstücke dürfen nicht gefährdet werden.

(2) Die Verwendung gemeinsamer Bauteile für mehrere bauliche Anlagen ist zulässig, wenn öffentlich-rechtlich gesichert ist, dass die gemeinsamen Bauteile bei der Beseitigung einer der baulichen Anlagen bestehen bleiben können.

§ 13
Schutz gegen schädliche Einflüsse

Bauliche Anlagen müssen so angeordnet, beschaffen und gebrauchstauglich sein, dass durch Wasser, Feuchtigkeit, pflanzliche und tierische Schädlinge sowie andere chemische, physikalische oder biologische Einflüsse Gefahren oder unzumutbare Belästigungen nicht entstehen. Baugrundstücke müssen für bauliche Anlagen geeignet sein.

§ 14
Brandschutz

Anlagen sind so anzuordnen, zu errichten, zu ändern und instand zu halten, dass der Entstehung eines Brandes und der Ausbreitung von Feuer und Rauch (Brandausbreitung) vorgebeugt wird und bei einem Brand die Rettung von Menschen und Tieren sowie wirksame Löscharbeiten möglich sind. Zur Brandbekämpfung muss eine ausreichende Wassermenge zur Verfügung stehen.

§ 15
Wärme-, Schall-, Erschütterungsschutz

(1) Gebäude müssen einen ihrer Nutzung und den klimatischen Verhältnissen entsprechenden Wärmeschutz haben.

(2) Gebäude müssen einen ihrer Lage und Nutzung entsprechenden Schallschutz haben. Geräusche, die von ortsfesten Einrichtungen in baulichen Anlagen oder auf Baugrundstücken ausgehen, sind so zu dämmen, dass Gefahren oder unzumutbare Belästigungen nicht entstehen.

(3) Erschütterungen oder Schwingungen, die von ortsfesten Einrichtungen in baulichen Anlagen oder auf Baugrundstücken ausgehen, sind so zu dämmen, dass Gefahren oder unzumutbare Belästigungen nicht entstehen.

§ 16
Verkehrssicherheit

(1) Anlagen und die dem Verkehr dienenden nicht überbauten Flächen von bebauten Grundstücken müssen verkehrssicher sein.

(2) Die Sicherheit und Leichtigkeit des öffentlichen Verkehrs darf durch Anlagen oder deren Nutzung nicht gefährdet werden.

Dritter Abschnitt
Bauarten und Bauprodukte

§ 17
Bauarten

(1) Bauarten dürfen nur angewendet werden, wenn bei ihrer Anwendung die baulichen Anlagen bei ordnungsgemäßer Instandhaltung während einer dem Zweck entsprechenden angemessenen Zeitdauer die Anforderungen dieses Gesetzes oder der aufgrund dieses Gesetzes erlassenen Vorschriften erfüllen und für ihren Anwendungszweck tauglich sind.

(2) Bauarten, die von Technischen Baubestimmungen nach § 88 Absatz 2 Nummer 2 oder Nummer 3 Buchstabe a wesentlich abweichen oder für die es allgemein anerkannte Regeln der Technik nicht gibt, dürfen bei der Errichtung, Änderung und Instandhaltung baulicher Anlagen nur angewendet werden, wenn für sie

1. eine allgemeine Bauartgenehmigung durch das Deutsche Institut für Bautechnik oder

2. eine vorhabenbezogene Bauartgenehmigung durch die oberste Bauaufsichtsbehörde

erteilt worden ist. § 21 Absatz 2 bis 7 und § 23 Absatz 2 gelten entsprechend.

(3) Anstelle einer allgemeinen Bauartgenehmigung genügt ein allgemeines bauaufsichtliches Prüfzeugnis für Bauarten, wenn die Bauart nach allgemein anerkannten Prüfverfahren beurteilt werden kann. In der Verwaltungsvorschrift nach § 88 Absatz 5 werden diese Bauarten mit der Angabe der maßgebenden technischen Regeln bekannt gemacht. § 22 Absatz 2 gilt entsprechend.

(4) Wenn Gefahren im Sinne des § 3 Absatz 1 Satz 1 nicht zu erwarten sind, kann die oberste Bauaufsichtsbehörde im Einzelfall oder für genau begrenzte Fälle allgemein festlegen, dass eine Bauartgenehmigung nicht erforderlich ist.

(5) Bauarten bedürfen einer Bestätigung ihrer Übereinstimmung mit den Technischen Baubestimmungen nach § 88 Absatz 2, den allgemeinen Bauartgenehmigungen, den allgemeinen bauaufsichtlichen Prüfzeugnissen für Bauarten oder den vorhabenbezogenen Bauartgenehmigungen. Als Übereinstimmung gilt auch eine Abweichung, die nicht wesentlich ist. § 24 Absatz 2 gilt für den Anwender der Bauart entsprechend.

(6) Bei Bauarten, deren Anwendung in außergewöhnlichem Maß von der Sachkunde und Erfahrung der damit betrauten Personen oder von einer Ausstattung mit besonderen Vorrichtungen abhängt, kann in der Bauartgenehmigung oder durch Rechtsverordnung der obersten Bauaufsichtsbehörde vorgeschrieben werden, dass der Anwender über solche Fachkräfte und Vorrichtungen verfügt und den Nachweis hierüber gegenüber einer Prüfstelle nach § 25 Absatz 1 Satz 1 Nummer 6 zu erbringen hat. In der Rechtsverordnung können Mindestanforderungen an die Ausbildung, die durch Prüfung nachzuweisende Befähigung und die Ausbildungsstätten einschließlich der Anerkennungsvoraussetzungen gestellt werden.

(7) Für Bauarten, die einer außergewöhnlichen Sorgfalt bei Ausführung oder Instandhaltung bedürfen, kann in der Bauartgenehmigung oder

durch Rechtsverordnung der obersten Bauaufsichtsbehörde die Überwachung dieser Tätigkeiten durch eine Überwachungsstelle nach § 25 Absatz 1 Satz 1 Nummer 5 vorgeschrieben werden.

§ 18
Allgemeine Anforderungen für die Verwendung von Bauprodukten

(1) Bauprodukte dürfen nur verwendet werden, wenn bei ihrer Verwendung die baulichen Anlagen bei ordnungsgemäßer Instandhaltung während einer dem Zweck entsprechenden angemessenen Zeitdauer die Anforderungen dieses Gesetzes oder der aufgrund dieses Gesetzes erlassenen Vorschriften erfüllen und gebrauchstauglich sind.

(2) Bauprodukte, die den in Vorschriften anderer Vertragsstaaten des Abkommens vom 2. Mai 1992 über den Europäischen Wirtschaftsraum (ABl. L 1 vom 3.1.1994, S. 3) genannten technischen Anforderungen entsprechen, dürfen verwendet werden, wenn das geforderte Schutzniveau gemäß § 3 Absatz 1 Satz 1 gleichermaßen dauerhaft erreicht wird.

(3) Bei Bauprodukten, deren Herstellung in außergewöhnlichem Maß von der Sachkunde und Erfahrung der damit betrauten Personen oder von einer Ausstattung mit besonderen Vorrichtungen abhängt, kann in der allgemeinen bauaufsichtlichen Zulassung, in der Zustimmung im Einzelfall oder durch Rechtsverordnung der obersten Bauaufsichtsbehörde vorgeschrieben werden, dass der Hersteller über solche Fachkräfte und Vorrichtungen verfügt und den Nachweis hierüber gegenüber einer Prüfstelle nach § 25 Absatz 1 Satz 1 Nummer 6 zu erbringen hat. In der Rechtsverordnung können Mindestanforderungen an die Ausbildung, die durch Prüfung nachzuweisende Befähigung und die Ausbildungsstätten einschließlich der Anerkennungsvoraussetzungen gestellt werden.

(4) Für Bauprodukte, die wegen ihrer besonderen Eigenschaften oder ihres besonderen Verwendungszwecks einer außergewöhnlichen Sorgfalt bei Einbau, Transport, Instandhaltung oder Reinigung bedürfen, kann in der allgemeinen bauaufsichtlichen Zulassung, in der Zustim-

mung im Einzelfall oder durch Rechtsverordnung der obersten Bauaufsichtsbehörde die Überwachung dieser Tätigkeiten durch eine Überwachungsstelle nach § 25 Absatz 1 Satz 1 Nummer 5 vorgeschrieben werden, soweit diese Tätigkeiten nicht bereits von der Verordnung (EU) Nr. 305/2011 erfasst sind.

§ 19
Anforderungen für die Verwendung von CE-gekennzeichneten Bauprodukten

Ein Bauprodukt, das die CE-Kennzeichnung trägt, darf verwendet werden, wenn die erklärten Leistungen den in diesem Gesetz oder aufgrund dieses Gesetzes festgelegten Anforderungen für diese Verwendung entsprechen. § 18 Absatz 3 und §§ 20 bis 25 gelten nicht für Bauprodukte, die die CE-Kennzeichnung aufgrund der Verordnung (EU) Nr. 305/2011 tragen.

§ 20
Verwendbarkeitsnachweise

(1) Ein Verwendbarkeitsnachweis (§§ 21 bis 23) ist für ein Bauprodukt erforderlich, wenn

1. es keine Technische Baubestimmung und keine allgemein anerkannte Regel der Technik gibt,

2. das Bauprodukt von einer Technischen Baubestimmung (§ 88 Absatz 2 Nummer 3) wesentlich abweicht oder

3. eine Verordnung nach § 87 Absatz 7 es vorsieht.

(2) Ein Verwendbarkeitsnachweis ist nicht erforderlich für ein Bauprodukt,

1. das von einer allgemein anerkannten Regel der Technik abweicht oder

2. das für die Erfüllung der Anforderungen dieses Gesetzes oder der aufgrund dieses Gesetzes erlassenen Vorschriften nur eine untergeordnete Bedeutung hat.

(3) Die Technischen Baubestimmungen nach § 88 enthalten eine nicht abschließende Liste von Bauprodukten, die keines Verwendbarkeitsnachweises nach Absatz 1 bedürfen.

§ 21
Allgemeine bauaufsichtliche Zulassung

(1) Das Deutsche Institut für Bautechnik erteilt unter den Voraussetzungen des § 20 Absatz 1 eine allgemeine bauaufsichtliche Zulassung für Bauprodukte, wenn deren Verwendbarkeit im Sinne des § 18 Absatz 1 nachgewiesen ist.

(2) Die zur Begründung des Antrags erforderlichen Unterlagen sind beizufügen. Soweit erforderlich, sind Probestücke von der antragstellenden Person zur Verfügung zu stellen oder durch Sachverständige, die das Deutsche Institut für Bautechnik bestimmen kann, zu entnehmen oder Probeausführungen unter Aufsicht der Sachverständigen herzustellen. § 71 Absatz 1 Sätze 2 und 3 gelten entsprechend.

(3) Das Deutsche Institut für Bautechnik kann für die Durchführung der Prüfung die sachverständige Stelle und für Probeausführungen die Ausführungsstelle und die Ausführungszeit vorschreiben.

(4) Die allgemeine bauaufsichtliche Zulassung wird widerruflich und für eine bestimmte Frist erteilt, die in der Regel fünf Jahre beträgt. Die Zulassung kann mit Nebenbestimmungen erteilt werden. Sie kann auf schriftlichen Antrag in der Regel um fünf Jahre verlängert werden. § 75 Absatz 2 Satz 2 Halbsatz 1 gilt entsprechend.

(5) Die Zulassung wird unbeschadet der Rechte Dritter erteilt.

(6) Das Deutsche Institut für Bautechnik macht die von ihm erteilten allgemeinen bauaufsichtlichen Zulassungen nach Gegenstand und wesentlichem Inhalt öffentlich bekannt.

(7) Allgemeine bauaufsichtliche Zulassungen nach dem Recht anderer Länder gelten auch im Land Nordrhein-Westfalen.

§ 22
Allgemeines bauaufsichtliches Prüfzeugnis

(1) Bauprodukte, die nach allgemein anerkannten Prüfverfahren beurteilt werden, bedürfen anstelle einer allgemeinen bauaufsichtlichen Zulassung nur eines allgemeinen bauaufsichtlichen Prüfzeugnisses. Dies wird mit der Angabe der maßgebenden technischen Regeln in den Technischen Baubestimmungen nach § 88 Absatz 5 bekannt gemacht.

(2) Ein allgemeines bauaufsichtliches Prüfzeugnis wird von einer Prüfstelle nach § 25 Absatz 1 Satz 1 Nummer 1 für Bauprodukte nach Absatz 1 erteilt, wenn deren Verwendbarkeit im Sinne des § 18 Absatz 1 nachgewiesen ist. § 21 Absatz 2 und Absätze 4 bis 7 gelten entsprechend. Die Anerkennungsbehörde für Stellen nach § 25 Absatz 1 Satz 1 Nummer 1 und § 87 Absatz 5 kann allgemeine bauaufsichtliche Prüfzeugnisse zurücknehmen oder widerrufen. Die §§ 48 und 49 des Verwaltungsverfahrensgesetzes für das Land Nordrhein-Westfalen in der Fassung der Bekanntmachung vom 12. November 1999 (GV. NRW. S. 602), das zuletzt durch Artikel 2 des Gesetzes vom 15. November 2016 (GV. NRW. S. 934) geändert worden ist, finden Anwendung.

§ 23
Nachweis der Verwendbarkeit von Bauprodukten im Einzelfall

(1) Mit Zustimmung der obersten Bauaufsichtsbehörde dürfen unter den Voraussetzungen des § 20 Absatz 1 im Einzelfall Bauprodukte verwendet werden, wenn ihre Verwendbarkeit im Sinne des § 18 Absatz 1 nachgewiesen ist. Wenn Gefahren im Sinne des § 3 Absatz 1 Satz 1 nicht zu erwarten sind, kann die oberste Bauaufsichtsbehörde im Einzelfall erklären, dass ihre Zustimmung nicht erforderlich ist.

(2) Die Zustimmung für Bauprodukte nach Absatz 1, die in Baudenkmälern nach § 2 Absatz 2 des Denkmalschutzgesetzes vom 11. März 1980 (GV. NRW. S. 226, ber. S. 716), das zuletzt durch Artikel 5 des Gesetzes vom 15. November 2016 (GV. NRW. S. 934) geändert worden ist, verwendet werden, erteilt die untere Bauaufsicht.

§ 24
Übereinstimmungsbestätigung und -erklärung, Zertifizierung

(1) Bauprodukte bedürfen einer Bestätigung ihrer Übereinstimmung mit den Technischen Baubestimmungen nach § 88 Absatz 2, den allgemeinen bauaufsichtlichen Zulassungen, den allgemeinen bauaufsichtlichen Prüfzeugnissen oder den Zustimmungen im Einzelfall. Als Übereinstimmung gilt auch eine Abweichung, die nicht wesentlich ist.

(2) Die Bestätigung der Übereinstimmung erfolgt durch Übereinstimmungserklärung des Herstellers nach folgenden Maßgaben:
1. Der Hersteller darf eine Übereinstimmungserklärung nur abgeben, wenn er durch werkseigene Produktionskontrolle sichergestellt hat, dass das von ihm hergestellte Bauprodukt den maßgebenden technischen Regeln, der allgemeinen bauaufsichtlichen Zulassung, dem allgemeinen bauaufsichtlichen Prüfzeugnis oder der Zustimmung im Einzelfall entspricht.

2. In den Technischen Baubestimmungen nach § 88, in den allgemeinen bauaufsichtlichen Zulassungen, in den allgemeinen bauaufsichtlichen Prüfzeugnissen oder in den Zustimmungen im Einzelfall kann eine Prüfung der Bauprodukte durch eine Prüfstelle vor Abgabe der Übereinstimmungserklärung vorgeschrieben werden, wenn dies zur Sicherung einer ordnungsgemäßen Herstellung erforderlich ist. In diesen Fällen hat die Prüfstelle das Bauprodukt daraufhin zu überprüfen, ob es den maßgebenden technischen Regeln, der allgemeinen bauaufsichtlichen Zulassung, dem allgemeinen bauaufsichtlichen Prüfzeugnis oder der Zustimmung im Einzelfall entspricht.

3. In den Technischen Baubestimmungen nach § 88, in den allgemeinen bauaufsichtlichen Zulassungen oder in den Zustimmungen im Einzelfall kann eine Zertifizierung vor Abgabe der Übereinstimmungserklärung vorgeschrieben werden, wenn dies zum Nachweis einer ordnungsgemäßen Herstellung eines Bauprodukts erforderlich ist. Die oberste Bauaufsichtsbehörde kann im Einzelfall die Verwendung von Bauprodukten ohne Zertifizierung gestatten, wenn nachgewiesen ist, dass diese Bauprodukte den technischen Regeln, Zulassungen, Prüfzeugnissen oder Zustimmungen nach Nummer 1 entsprechen.

Bauprodukte, die nicht in Serie hergestellt werden, bedürfen nur einer Übereinstimmungserklärung nach Nummer 1, sofern nichts anderes bestimmt ist.
(3) Dem Hersteller ist ein Übereinstimmungszertifikat von einer Zertifizierungsstelle nach § 25 Absatz 1 Satz 1 Nummer 3 zu erteilen, wenn das Bauprodukt

1. den Technischen Baubestimmungen nach § 88 Absatz 2, der allgemeinen bauaufsichtlichen Zulassung, dem allgemeinen bauaufsichtlichen Prüfzeugnis oder der Zustimmung im Einzelfall entspricht und

2. einer werkseigenen Produktionskontrolle sowie einer Fremdüberwachung nach Maßgabe des Satzes 2 unterliegt.

Die Fremdüberwachung ist von Überwachungsstellen nach § 25 Absatz 1 Satz 1 Nummer 4 durchzuführen. Die Fremdüberwachung hat regelmäßig zu überprüfen, ob das Bauprodukt den Technischen Baubestimmungen nach § 88 Absatz 2, der allgemeinen bauaufsichtlichen Zulassung, dem allgemeinen bauaufsichtlichen Prüfzeugnis oder der Zustimmung im Einzelfall entspricht.

(4) Die Übereinstimmungserklärung hat der Hersteller durch Kennzeichnung der Bauprodukte mit dem Übereinstimmungszeichen (Ü-Zeichen) unter Hinweis auf den Verwendungszweck abzugeben.

(5) Das Ü-Zeichen ist auf dem Bauprodukt, auf einem Beipackzettel oder auf seiner Verpackung oder, wenn dies Schwierigkeiten bereitet, auf dem Lieferschein oder auf einer Anlage zum Lieferschein anzubringen.

(6) Ü-Zeichen aus anderen Ländern und aus anderen Staaten gelten auch im Land Nordrhein-Westfalen.

§ 25
Prüf-, Zertifizierungs- und Überwachungsstellen

(1) Die oberste Bauaufsichtsbehörde kann eine natürliche oder juristische Person als

1. Prüfstelle für die Erteilung allgemeiner bauaufsichtlicher Prüfzeugnisse (§ 22 Absatz 2),

2. Prüfstelle für die Überprüfung von Bauprodukten vor Bestätigung der Übereinstimmung (§ 24 Absatz 2 Nummer 2),

3. Zertifizierungsstelle (§ 24 Absatz 3),

4. Überwachungsstelle für die Fremdüberwachung (§ 24 Absatz 3),

5. Überwachungsstelle für die Überwachung nach § 17 Absatz 7 und § 18 Absatz 4 oder

6. Prüfstelle für die Überprüfung nach § 17 Absatz 6 und § 18 Absatz 3

anerkennen, wenn sie oder die bei ihr Beschäftigten nach ihrer Ausbildung, Fachkenntnis, persönlichen Zuverlässigkeit, ihrer Unparteilichkeit und ihren Leistungen die Gewähr dafür bieten, dass diese Aufgaben den öffentlich-rechtlichen Vorschriften entsprechend wahrgenommen werden, und wenn sie über die erforderlichen Vorrichtungen verfügen. Satz 1 ist entsprechend auf Behörden anzuwenden, wenn sie ausreichend mit geeigneten Fachkräften besetzt und mit den erforderlichen Vorrichtungen ausgestattet sind.

(2) Die Anerkennung von Prüf-, Zertifizierungs- und Überwachungsstellen anderer Länder gilt auch im Land Nordrhein-Westfalen.

Vierter Abschnitt
Brandverhalten von Baustoffen und Bauteilen, Wände, Decken, Dächer

§ 26 (Fn 5)
Allgemeine Anforderungen an das Brandverhalten von Baustoffen und Bauteilen

(1) Baustoffe werden nach den Anforderungen an ihr Brandverhalten unterschieden in

1. nichtbrennbare,

2. schwerentflammbare und

3. normalentflammbare.

Baustoffe, die nicht mindestens normalentflammbar sind (leichtentflammbare Baustoffe), dürfen nicht verwendet werden; dies gilt nicht, wenn sie in Verbindung mit anderen Baustoffen nicht leichtentflammbar sind.

(2) Bauteile werden nach den Anforderungen an ihre Feuerwiderstandsfähigkeit unterschieden in

1. feuerbeständige,

2. hochfeuerhemmende und

3. feuerhemmende.

Die Feuerwiderstandsfähigkeit bezieht sich bei tragenden und aussteifenden Bauteilen auf deren Standsicherheit im Brandfall und bei raumabschließenden Bauteilen auf deren Widerstand gegen die Brandausbreitung. Bauteile werden zusätzlich nach dem Brandverhalten ihrer Baustoffe unterschieden in

1. Bauteile aus nichtbrennbaren Baustoffen,

2. Bauteile, deren tragende und aussteifende Teile aus nichtbrennbaren Baustoffen bestehen und die bei raumabschließenden Bauteilen zusätzlich eine in Bauteilebene durchgehende Schicht aus nichtbrennbaren Baustoffen haben,

3. Bauteile, deren tragende und aussteifende Teile aus brennbaren Baustoffen bestehen und die allseitig eine brandschutztechnisch wirksame Bekleidung aus nichtbrennbaren Baustoffen (Brandschutzbekleidung) und Dämmstoffe aus nichtbrennbaren Baustoffen haben, oder

4. Bauteile aus brennbaren Baustoffen.

Soweit in diesem Gesetz oder in Vorschriften aufgrund dieses Gesetzes nichts anderes bestimmt ist, müssen
1. Bauteile, die feuerbeständig sein müssen, mindestens den Anforderungen des Satzes 3 Nummer 2, sowie

2. Bauteile, die hochfeuerhemmend sein müssen, mindestens den Anforderungen des Satzes 3 Nummer 3

entsprechen.

(3) Abweichend von Absatz 2 Satz 4 sind tragende oder aussteifende sowie raumabschließende Bauteile, die hochfeuerhemmend oder feuerbeständig sein müssen, aus brennbaren Baustoffen zulässig, wenn die geforderte Feuerwiderstandsdauer nachgewiesen wird und die Bauteile so hergestellt und eingebaut werden, dass Feuer und Rauch nicht über Grenzen von Brand- oder Rauchabschnitten, insbesondere Geschosstrennungen, hinweg übertragen werden können.

§ 27
Tragende Wände, Stützen

(1) Tragende und aussteifende Wände und Stützen müssen im Brandfall ausreichend lang standsicher sein. Sie müssen

1. in Gebäuden der Gebäudeklasse 5 feuerbeständig,

2. in Gebäuden der Gebäudeklasse 4 hochfeuerhemmend und

3. in Gebäuden der Gebäudeklassen 2 und 3 feuerhemmend

sein. Satz 2 gilt

1. für Geschosse im Dachraum nur, wenn darüber noch Aufenthaltsräume möglich sind; § 29 Absatz 4 bleibt unberührt,

2. nicht für Balkone und Altane, ausgenommen offene Gänge, die als notwendige Flure dienen.

(2) Im Kellergeschoss müssen tragende und aussteifende Wände und Stützen

1. in Gebäuden der Gebäudeklassen 3 bis 5 feuerbeständig,

2. in Gebäuden der Gebäudeklassen 1 und 2 feuerhemmend

sein.

§ 28
Außenwände

(1) Außenwände und Außenwandteile wie Brüstungen und Schürzen sind so auszubilden, dass eine Brandausbreitung auf und in diesen Bauteilen ausreichend lang begrenzt ist.

(2) Nichttragende Außenwände und nichttragende Teile tragender Außenwände müssen aus nichtbrennbaren Baustoffen bestehen; sie sind aus brennbaren Baustoffen zulässig, wenn sie als raumabschließende Bauteile feuerhemmend sind. Satz 1 gilt nicht für

1. Türen und Fenster,

2. Fugendichtungen und

3. brennbare Dämmstoffe in nichtbrennbaren geschlossenen, linien- oder stabförmigen Profilen der Außenwandkonstruktionen.

(3) Oberflächen von Außenwänden sowie Außenwandbekleidungen müssen einschließlich der Dämmstoffe und Unterkonstruktionen schwerentflammbar sein. Unterkonstruktionen aus normalentflammbaren Baustoffen sind zulässig, wenn die Anforderungen nach Absatz 1 erfüllt sind. Balkonbekleidungen, die über die erforderliche Umwehrungshöhe hinaus hochgeführt werden, und mehr als zwei Geschosse überbrückende Solaranlagen an Außenwänden müssen schwerentflammbar sein. Baustoffe, die schwerentflammbar sein müssen, in Bauteilen nach den Sätzen 1 und 3 dürfen nicht brennend abfallen oder abtropfen.
(4) Bei Außenwandkonstruktionen mit geschossübergreifenden Hohl- oder Lufträumen wie hinterlüftete Außenwandbekleidungen sind gegen die Brandausbreitung besondere Vorkehrungen zu treffen. Satz 1 gilt für Doppelfassaden entsprechend.
(5) Die Absätze 2, 3 und 4 Satz 1 gelten nicht für Gebäude der Gebäudeklassen 1 bis 3. Absatz 4 Satz 2 gilt nicht für Gebäude der Gebäudeklassen 1 und 2.

§ 29
Trennwände

(1) Trennwände müssen als raumabschließende Bauteile von Räumen oder Nutzungseinheiten innerhalb von Geschossen ausreichend lang widerstandsfähig gegen die Brandausbreitung sein.

(2) Trennwände sind erforderlich

1. zwischen Nutzungseinheiten sowie zwischen Nutzungseinheiten und anders genutzten Räumen, ausgenommen notwendigen Fluren,

2. zum Abschluss von Räumen mit Explosions- oder erhöhter Brandgefahr,

3. zwischen Aufenthaltsräumen und anders genutzten Räumen im Kellergeschoss, sowie

4. zwischen Aufenthaltsräumen und Wohnungen einschließlich ihrer Zugänge und nicht ausgebauten Räumen im Dachraum.

(3) Trennwände nach Absatz 2 Nummer 1 und 3 müssen die Feuerwiderstandsfähigkeit der tragenden und aussteifenden Bauteile des Geschosses haben, jedoch mindestens feuerhemmend sein. Trennwände nach Absatz 2 Nummer 2 müssen feuerbeständig sein. Trennwände nach Absatz 2 Nummer 4 müssen mindestens feuerhemmend sein.

(4) Die Trennwände nach Absatz 2 sind bis zur Rohdecke, im Dachraum bis unter die Dachhaut zu führen. Werden in Dachräumen Trennwände nur bis zur Rohdecke geführt, ist diese Decke als raumabschließendes Bauteil einschließlich der sie tragenden und aussteifenden Bauteile feuerhemmend herzustellen.

(5) Öffnungen in Trennwänden nach Absatz 2 sind nur zulässig, wenn sie auf die für die Nutzung erforderliche Zahl und Größe beschränkt sind. Sie müssen feuerhemmende, dicht- und selbstschließende Abschlüsse haben.

(6) Die Absätze 1 bis 5 gelten nicht für Wohngebäude der Gebäudeklassen 1 und 2.

§ 30 (Fn 5)
Brandwände

(1) Brandwände müssen als raumabschließende Bauteile zum Abschluss von Gebäuden (Gebäudeabschlusswand) oder zur Unterteilung von Gebäuden in Brandabschnitte (innere Brandwand) ausreichend lang die Brandausbreitung auf andere Gebäude oder Brandabschnitte verhindern.

(2) Brandwände sind erforderlich

1. als Gebäudeabschlusswand, ausgenommen von Gebäuden ohne Aufenthaltsräume und ohne Feuerstätten mit nicht mehr als 50 m³ Brutto-Rauminhalt, wenn diese Abschlusswände an oder mit einem Abstand von weniger als 2,50 m gegenüber der Nachbargrenze errichtet werden, es sei denn, dass ein Abstand von mindestens 5 m zu bestehenden oder nach den baurechtlichen Vorschriften zulässigen künftigen Gebäuden öffentlich-rechtlich gesichert ist,

2. als innere Brandwand zur Unterteilung ausgedehnter Gebäude in Abständen von nicht mehr als 40 m,

3. als innere Brandwand zur Unterteilung landwirtschaftlich oder vergleichbar genutzter Gebäude in Brandabschnitte von nicht mehr als 10 000 m³ Brutto-Rauminhalt und

4. als Gebäudeabschlusswand zwischen Wohngebäuden und angebauten landwirtschaftlich genutzten Gebäuden oder angebauten Gebäuden mit vergleichbarer Nutzung sowie als innere Brandwand zwischen dem Wohnteil und dem landwirtschaftlich oder vergleichbar genutzten Teil eines Gebäudes.
Gemeinsame Brandwände sind zulässig. In den Fällen des Satz 1 Nummer 2 und 3 können größere Abstände gestattet werden, wenn die Nutzung des Gebäudes es erfordert und wenn Bedenken wegen des Brandschutzes nicht bestehen.

(3) Brandwände müssen auch unter zusätzlicher mechanischer Beanspruchung feuerbeständig sein und aus nichtbrennbaren Baustoffen bestehen. Anstelle von Brandwänden sind in den Fällen des Absatzes 2 Satz 1 Nummer 1 bis 3 zulässig

1. für Gebäude der Gebäudeklasse 4 Wände, die auch unter zusätzlicher mechanischer Beanspruchung hochfeuerhemmend sind,

2. für Gebäude der Gebäudeklassen 1 bis 3 hochfeuerhemmende Wände und

3. für Gebäude der Gebäudeklassen 1 bis 3 Gebäudeabschlusswände, die jeweils von innen nach außen die Feuerwiderstandsfähigkeit der tragenden und aussteifenden Teile des Gebäudes, mindestens jedoch feuerhemmende Bauteile, und von außen nach innen die Feuerwiderstandsfähigkeit feuerbeständiger Bauteile haben.

In den Fällen des Absatzes 2 Satz 1 Nummer 4 sind anstelle von Brandwänden feuerhemmende Wände zulässig, wenn der Brutto-Rauminhalt des landwirtschaftlich oder vergleichbar genutzten Gebäudes oder Gebäudeteils nicht größer als 2 000 m³ ist.

(4) Brandwände müssen bis zur Bedachung durchgehen und in allen Geschossen übereinander angeordnet sein. Abweichend davon dürfen anstelle innerer Brandwände Wände geschossweise versetzt angeordnet werden, wenn

1. die Wände im Übrigen Absatz 3 Satz 1 entsprechen,

2. die Decken, soweit sie in Verbindung mit diesen Wänden stehen, feuerbeständig sind, aus nichtbrennbaren Baustoffen bestehen und keine Öffnungen haben,

3. die Bauteile, die diese Wände und Decken unterstützen, feuerbeständig sind und aus nichtbrennbaren Baustoffen bestehen,

4. die Außenwände in der Breite des Versatzes in dem Geschoss oberhalb oder unterhalb des Versatzes feuerbeständig sind und

5. Öffnungen in den Außenwänden im Bereich des Versatzes so angeordnet oder andere Vorkehrungen so getroffen sind, dass eine Brandausbreitung in andere Brandabschnitte nicht zu befürchten ist.

(5) Brandwände sind 0,30 m über die Bedachung zu führen oder in Höhe der Dachhaut mit einer beiderseits 0,50 m auskragenden feuerbeständigen Platte aus nichtbrennbaren Baustoffen abzuschließen. Darüber dürfen brennbare Teile des Dachs nicht hinweggeführt wer-

den. Bei Gebäuden der Gebäudeklassen 1 bis 3 sind Brandwände mindestens bis unter die Dachhaut zu führen. Satz 3 gilt für Gebäude, die vor dem 1. Januar 2019 zulässigerweise errichtet wurden und die durch Dachausbau zur Schaffung von Wohnraum zu einem Gebäude der Gebäudeklasse 4 werden, entsprechend. Verbleibende Hohlräume sind vollständig mit nichtbrennbaren Baustoffen auszufüllen.

(6) Müssen Gebäude oder Gebäudeteile, die über Eck zusammenstoßen, durch eine Brandwand getrennt werden, so muss der Abstand dieser Wand von der inneren Ecke mindestens 3 m betragen; das gilt nicht, wenn der Winkel der inneren Ecke mehr als 120 Grad beträgt oder mindestens eine Außenwand auf 5 m Länge als öffnungslose feuerbeständige Wand aus nichtbrennbaren Baustoffen, bei Gebäuden der Gebäudeklassen 1 bis 4 als öffnungslose hochfeuerhemmende Wand ausgebildet ist.

(7) Bauteile mit brennbaren Baustoffen dürfen über Brandwände nicht hinweggeführt werden. Bei Außenwandkonstruktionen, die eine seitliche Brandausbreitung begünstigen können wie hinterlüftete Außenwandbekleidungen oder Doppelfassaden, sind gegen die Brandausbreitung im Bereich der Brandwände besondere Vorkehrungen zu treffen. Außenwandbekleidungen von Gebäudeabschlusswänden müssen einschließlich der Dämmstoffe und Unterkonstruktionen nichtbrennbar sein. Bauteile dürfen in Brandwände nur soweit eingreifen, dass deren Feuerwiderstandsfähigkeit nicht beeinträchtigt wird; für Leitungen, Leitungsschlitze und Schornsteine gilt dies entsprechend.

(8) Öffnungen in Brandwänden sind unzulässig. Sie sind in inneren Brandwänden nur zulässig, wenn sie auf die für die Nutzung erforderliche Zahl und Größe beschränkt sind. Die Öffnungen müssen feuerbeständige, dicht- und selbstschließende Abschlüsse haben.

(9) In inneren Brandwänden sind feuerbeständige Verglasungen nur zulässig, wenn sie auf die für die Nutzung erforderliche Zahl und Größe beschränkt sind.

(10) Absatz 2 Satz 1 Nummer 1 gilt nicht für seitliche Wände von Vorbauten im Sinne des § 6 Absatz 6, wenn sie von dem Nachbargebäude oder der Nachbargrenze einen Abstand einhalten, der ihrer eigenen Ausladung entspricht, mindestens jedoch 1 m beträgt, sowie für Terrassenüberdachungen, Balkone und Altane.

(11) Die Absätze 4 bis 10 gelten entsprechend auch für Wände, die nach Absatz 3 Satz 2 und 3 anstelle von Brandwänden zulässig sind. Die Abschlüsse von Öffnungen in Wänden anstelle von Brandwänden müssen dicht- und selbstschließend sein und der Feuerwiderstandsfähigkeit der Wand entsprechen.

§ 31
Decken

(1) Decken müssen als tragende und raumabschließende Bauteile zwischen Geschossen im Brandfall ausreichend lang standsicher und widerstandsfähig gegen die Brandausbreitung sein. Sie müssen

1. in Gebäuden der Gebäudeklasse 5 feuerbeständig,

2. in Gebäuden der Gebäudeklasse 4 hochfeuerhemmend und

3. in Gebäuden der Gebäudeklassen 2 und 3 feuerhemmend

sein. Satz 2 gilt

1. für Geschosse im Dachraum nur, wenn darüber Aufenthaltsräume möglich sind; § 29 Absatz 4 bleibt unberührt, und

2. nicht für Balkone und Altane, ausgenommen offene Gänge, die als notwendige Flure dienen.

(2) Im Kellergeschoss müssen Decken

1. in Gebäuden der Gebäudeklassen 3 bis 5 feuerbeständig und

2. in Gebäuden der Gebäudeklassen 1 und 2 feuerhemmend

sein. Decken müssen feuerbeständig sein

1. unter und über Räumen mit Explosions- oder erhöhter Brandgefahr, ausgenommen in Wohngebäuden der Gebäudeklassen 1 und 2 sowie

2. zwischen dem landwirtschaftlich oder vergleichbar genutzten Teil und dem Wohnteil eines Gebäudes.
(3) Der Anschluss der Decken an die Außenwand ist so herzustellen, dass er den Anforderungen aus Absatz 1 Satz 1 genügt.

(4) Öffnungen in Decken, für die eine Feuerwiderstandsfähigkeit vorgeschrieben ist, sind nur zulässig

1. in Gebäuden der Gebäudeklassen 1 und 2,

2. innerhalb derselben Nutzungseinheit mit nicht mehr als insgesamt 400 m² in nicht mehr als zwei Geschossen und

3. im Übrigen, wenn sie auf die für die Nutzung erforderliche Zahl und Größe beschränkt sind und Abschlüsse mit der Feuerwiderstandsfähigkeit der Decke haben.

§ 32
Dächer

(1) Bedachungen müssen gegen eine Brandbeanspruchung von außen durch Flugfeuer und strahlende Wärme ausreichend lang widerstandsfähig sein (harte Bedachung).

(2) Bedachungen, die die Anforderungen nach Absatz 1 nicht erfüllen, sind zulässig bei Gebäuden der Gebäudeklassen 1 bis 3, wenn die Gebäude

1. einen Abstand von der Grundstücksgrenze von mindestens 12 m,

2. von Gebäuden auf demselben Grundstück mit harter Bedachung einen Abstand von mindestens 15 m,

3. von Gebäuden auf demselben Grundstück mit Bedachungen, die die Anforderungen nach Absatz 1 nicht erfüllen, einen Abstand von mindestens 24 m oder

4. von Gebäuden auf demselben Grundstück ohne Aufenthaltsräume und ohne Feuerstätten mit nicht mehr als 50 m³ Brutto-Rauminhalt einen Abstand von mindestens 5 m,

einhalten. Soweit Gebäude nach Satz 1 Abstand halten müssen, genügt bei Wohngebäuden der Gebäudeklassen 1 und 2 in den Fällen

1. der Nummer 1 ein Abstand von mindestens 6 m,

2. der Nummer 2 ein Abstand von mindestens 9 m und

3. der Nummer 3 ein Abstand von mindestens 12 m.

(3) Die Absätze 1 und 2 gelten nicht für

1. Gebäude ohne Aufenthaltsräume und ohne Feuerstätten mit nicht mehr als 50 m³ Brutto-Rauminhalt,

2. lichtdurchlässige Bedachungen aus nichtbrennbaren Baustoffen; brennbare Fugendichtungen und brennbare Dämmstoffe in nichtbrennbaren Profilen sind zulässig,

3. Dachflächenfenster, Oberlichte und Lichtkuppeln von Wohngebäuden,

4. Eingangsüberdachungen und Vordächer aus nichtbrennbaren Baustoffen und

5. Eingangsüberdachungen aus brennbaren Baustoffen, wenn die Eingänge nur zu Wohnungen führen.

(4) Abweichend von den Absätzen 1 und 2 sind

1. lichtdurchlässige Teilflächen aus brennbaren Baustoffen in Bedachungen nach Absatz 1 und

2. begrünte Bedachungen

zulässig, wenn eine Brandentstehung bei einer Brandbeanspruchung von außen durch Flugfeuer und strahlende Wärme nicht zu befürchten ist oder Vorkehrungen hiergegen getroffen werden.

(5) Dachüberstände, Dachgesimse, Zwerchhäuser und Dachaufbauten, lichtdurchlässige Bedachungen, Dachflächenfenster, Lichtkuppeln, Oberlichte und Solaranlagen sind so anzuordnen und herzustellen, dass Feuer nicht auf andere Gebäudeteile und Nachbargrundstücke übertragen werden kann. Von der Außenfläche von Brandwänden und von der Mittellinie gemeinsamer Brandwände müssen

1. mindestens 1,25 m entfernt sein

a) Dachflächenfenster, Oberlichte, Lichtkuppeln und Öffnungen in der Bedachung, wenn diese Wände nicht mindestens 0,30 m über die Bedachung geführt sind und

b) Photovoltaikanlagen, Zwerchhäuser, Dachgauben und ähnliche Dachaufbauten aus brennbaren Baustoffen, wenn sie nicht durch diese Wände gegen Brandübertragung geschützt sind, und

2. mindestens 0,50 m entfernt sein

a) Photovoltaikanlagen, deren Außenseiten und Unterkonstruktion aus nichtbrennbaren Baustoffen bestehen und

b) Solarthermieanlagen.
Die Sätze 1 und 2 gelten auch bei Wänden, die anstelle von Brandwänden zulässig sind.

(6) Dächer von traufseitig aneinandergebauten Gebäuden müssen als raumabschließende Bauteile für eine Brandbeanspruchung von innen

nach außen einschließlich der sie tragenden und aussteifenden Bauteile feuerhemmend sein. Öffnungen in diesen Dachflächen müssen waagerecht gemessen mindestens 2 m von der Brandwand oder der Wand, die anstelle der Brandwand zulässig ist, entfernt sein.

(7) Dächer von Anbauten, die an Außenwände mit Öffnungen oder ohne Feuerwiderstandsfähigkeit anschließen, müssen innerhalb eines Abstands von 5 m von diesen Wänden als raumabschließende Bauteile für eine Brandbeanspruchung von innen nach außen einschließlich der sie tragenden und aussteifenden Bauteile die Feuerwiderstandsfähigkeit der Decken des Gebäudeteils haben, an den sie angebaut werden. Dies gilt nicht für Anbauten an Wohngebäude der Gebäudeklassen 1 bis 3.

(8) Dächer an Verkehrsflächen und über Eingängen müssen Vorrichtungen zum Schutz gegen das Herabfallen von Schnee und Eis haben, wenn dies die Verkehrssicherheit erfordert.

(9) Für vom Dach aus vorzunehmende Arbeiten sind sicher benutzbare Vorrichtungen anzubringen.

Fünfter Abschnitt
Rettungswege, Treppen, Öffnungen, Umwehrungen

§ 33
Erster und zweiter Rettungsweg

(1) Für Nutzungseinheiten mit mindestens einem Aufenthaltsraum wie Wohnungen, Praxen, selbstständige Betriebsstätten müssen in jedem Geschoss mindestens zwei voneinander unabhängige Rettungswege ins Freie vorhanden sein. Beide Rettungswege dürfen jedoch innerhalb des Geschosses über denselben notwendigen Flur führen.

(2) Für Nutzungseinheiten nach Absatz 1, die nicht zu ebener Erde liegen, muss der erste Rettungsweg über eine notwendige Treppe führen. Der zweite Rettungsweg kann eine weitere notwendige Treppe oder

eine mit Rettungsgeräten der Feuerwehr erreichbare Stelle der Nutzungseinheit sein. Der zweite Rettungsweg über Rettungsgeräte der Feuerwehr ist nur zulässig, wenn keine Bedenken wegen der Personenrettung bestehen. Ein zweiter Rettungsweg ist nicht erforderlich,
1. wenn die Rettung über einen sicher erreichbaren Treppenraum möglich ist, in den Feuer und Rauch nicht eindringen können (Sicherheitstreppenraum) oder

2. für zu ebener Erde liegende Räume, die einen unmittelbaren Ausgang ins Freie haben, der von jeder Stelle des Raumes in höchstens 15 m Entfernung erreichbar ist.

(3) Gebäude, deren zweiter Rettungsweg über Rettungsgeräte der Feuerwehr führt und bei denen die Oberkante der Brüstung von zum Anleitern bestimmten Fenstern oder Stellen mehr als 8 m über der Geländeoberfläche liegt, dürfen nur errichtet werden, wenn die Feuerwehr über die erforderlichen Rettungsgeräte wie Hubrettungsfahrzeuge verfügt.

§ 34 (Fn 5)
Treppen

(1) Jedes nicht zu ebener Erde liegende Geschoss und der benutzbare Dachraum eines Gebäudes müssen über mindestens eine Treppe zugänglich sein (notwendige Treppe). Statt notwendiger Treppen sind Rampen mit flacher Neigung zulässig.
(2) Einschiebbare Treppen und Rolltreppen sind als notwendige Treppen unzulässig. In Gebäuden der Gebäudeklassen 1 und 2 sind einschiebbare Treppen und Leitern als Zugang zu einem Dachraum ohne Aufenthaltsraum zulässig.
(3) Notwendige Treppen sind in einem Zuge zu allen angeschlossenen Geschossen zu führen. Sie müssen mit den Treppen zum Dachraum unmittelbar verbunden sein. Dies gilt nicht für Treppen

1. in Gebäuden der Gebäudeklassen 1 bis 3 und

2. nach § 35 Absatz 1 Satz 3 Nummer 2.

(4) Die tragenden Teile notwendiger Treppen müssen

1. in Gebäuden der Gebäudeklasse 5 feuerhemmend und aus nichtbrennbaren Baustoffen,

2. in Gebäuden der Gebäudeklasse 4 aus nichtbrennbaren Baustoffen sowie

3. in Gebäuden der Gebäudeklasse 3 aus nichtbrennbaren Baustoffen oder feuerhemmend

sein. Tragende Teile von Außentreppen nach § 35 Absatz 1 Satz 3 Nummer 3 für Gebäude der Gebäudeklassen 3 bis 5 müssen aus nichtbrennbaren Baustoffen bestehen.

(5) Die nutzbare Breite der Treppenläufe und Treppenabsätze notwendiger Treppen muss für den größten zu erwartenden Verkehr ausreichen.

(6) Treppen müssen einen festen und griffsicheren Handlauf haben. Für Treppen sind Handläufe auf beiden Seiten und Zwischenhandläufe vorzusehen, soweit die Verkehrssicherheit dies erfordert.

(7) Eine Treppe darf nicht unmittelbar hinter einer Tür beginnen, die in Richtung der Treppe aufschlägt. Zwischen Treppe und Tür ist ein ausreichender Treppenabsatz anzuordnen, der mindestens so tief sein soll, wie die Tür breit ist.

(8) Die Absätze 3 bis 6 gelten nicht für Treppen innerhalb von Wohnungen.

§ 35 (Fn 5)
Notwendige Treppenräume, Ausgänge

(1) Jede notwendige Treppe muss zur Sicherstellung der Rettungswege aus den Geschossen ins Freie in einem eigenen, durchgehenden Treppenraum liegen (notwendiger Treppenraum). Notwendige Trep-

penräume müssen so angeordnet und ausgebildet sein, dass die Nutzung der notwendigen Treppen im Brandfall ausreichend lang möglich ist. Notwendige Treppen sind ohne eigenen Treppenraum zulässig

1. in Gebäuden der Gebäudeklassen 1 und 2,

2. für die Verbindung von höchstens zwei Geschossen innerhalb derselben Nutzungseinheit von insgesamt nicht mehr als 200 m², wenn in jedem Geschoss ein anderer Rettungsweg erreicht werden kann,

3. als Außentreppe, wenn ihre Nutzung ausreichend sicher ist und im Brandfall nicht gefährdet werden kann oder

4. innerhalb von Wohnungen.

(2) Von jeder Stelle eines Aufenthaltsraumes sowie eines Kellergeschosses muss mindestens ein Ausgang in einen notwendigen Treppenraum oder ins Freie in höchstens 35 m Entfernung erreichbar sein. Übereinanderliegende Kellergeschosse müssen jeweils mindestens zwei Ausgänge in notwendige Treppenräume oder ins Freie haben. Sind mehrere notwendige Treppenräume erforderlich, müssen sie so verteilt sein, dass sie möglichst entgegengesetzt liegen und dass die Rettungswege möglichst kurz sind.

(3) Jeder notwendige Treppenraum muss einen unmittelbaren Ausgang ins Freie haben. Sofern der Ausgang eines notwendigen Treppenraumes nicht unmittelbar ins Freie führt, muss der Raum zwischen dem notwendigen Treppenraum und dem Ausgang ins Freie

1. mindestens so breit sein wie die dazugehörigen Treppenläufe,

2. Wände haben, die die Anforderungen an die Wände des Treppenraumes erfüllen,

3. rauchdichte und selbstschließende Abschlüsse zu notwendigen Fluren haben und

4. ohne Öffnungen zu anderen Räumen, ausgenommen zu notwendigen Fluren, sein.

(4) Die Wände notwendiger Treppenräume müssen als raumabschließende Bauteile

1. in Gebäuden der Gebäudeklasse 5 die Bauart von Brandwänden haben,

2. in Gebäuden der Gebäudeklasse 4 auch unter zusätzlicher mechanischer Beanspruchung hochfeuerhemmend und

3. in Gebäuden der Gebäudeklasse 3 feuerhemmend

sein. Dies ist nicht erforderlich für Außenwände von Treppenräumen, die aus nichtbrennbaren Baustoffen bestehen und durch andere an diese Außenwände anschließende Gebäudeteile im Brandfall nicht gefährdet werden können. Der obere Abschluss notwendiger Treppenräume muss als raumabschließendes Bauteil die Feuerwiderstandsfähigkeit der Decken des Gebäudes haben. Dies gilt nicht, wenn der obere Abschluss das Dach ist und die Treppenraumwände bis unter die Dachhaut reichen.

(5) In notwendigen Treppenräumen und in Räumen nach Absatz 3 Satz 2 müssen

1. Bekleidungen, Putze, Dämmstoffe, Unterdecken und Einbauten aus nichtbrennbaren Baustoffen bestehen,

2. Wände und Decken aus brennbaren Baustoffen eine Bekleidung aus nichtbrennbaren Baustoffen in ausreichender Dicke haben und

3. Bodenbeläge, ausgenommen Gleitschutzprofile, aus mindestens schwerentflammbaren Baustoffen bestehen.

(6) In notwendigen Treppenräumen müssen Öffnungen

1. zu Kellergeschossen, zu nicht ausgebauten Dachräumen, Werkstätten, Läden, Lager- und ähnlichen Räumen sowie zu sonstigen Räumen und Nutzungseinheiten mit einer Fläche von mehr als 200 m², ausgenommen Wohnungen, mindestens feuerhemmende, rauchdichte und selbstschließende Abschlüsse,

2. zu notwendigen Fluren rauchdichte und selbstschließende Abschlüsse,

3. zu sonstigen Räumen und Nutzungseinheiten, ausgenommen Wohnungen, mindestens dicht- und selbstschließende Abschlüsse und

4. zu Wohnungen mindestens dichtschließende Abschlüsse

haben. Die Feuerschutz- und Rauchschutzabschlüsse dürfen lichtdurchlässige Seitenteile und Oberlichte enthalten, wenn der Abschluss insgesamt nicht breiter als 2,50 m ist.

(7) Notwendige Treppenräume müssen zu beleuchten sein. Notwendige Treppenräume ohne Fenster müssen in Gebäuden mit einer Höhe nach § 2 Absatz 3 Satz 2 von mehr als 13 m eine Sicherheitsbeleuchtung haben.

(8) Notwendige Treppenräume müssen belüftet und zur Unterstützung wirksamer Löscharbeiten entraucht werden können. Sie müssen
1. in jedem oberirdischen Geschoss unmittelbar ins Freie führende Fenster mit einem freien Querschnitt von mindestens 0,50 m² haben, die geöffnet werden können, oder

2. an der obersten Stelle eine Öffnung zur Rauchableitung haben.

In den Fällen des Satzes 2 Nummer 1 ist in Gebäuden der Gebäudeklasse 5 an der obersten Stelle eine Öffnung zur Rauchableitung erforderlich. In den Fällen des Satzes 2 Nummer 2 sind in Gebäuden der Gebäudeklassen 4 und 5, soweit dies zur Erfüllung der Anforderungen nach Satz 1 erforderlich ist, besondere Vorkehrungen zu treffen. Öffnungen zur Rauchableitung nach den Sätzen 2 und 3 müssen in jedem

Treppenraum einen freien Querschnitt von mindestens 1 m² und Vorrichtungen zum Öffnen ihrer Abschlüsse haben, die vom Erdgeschoss sowie vom obersten Treppenabsatz aus bedient werden können.

(9) In Geschossen mit mehr als vier Wohnungen müssen notwendige Flure angeordnet sein.

§ 36
Notwendige Flure, offene Gänge

(1) Flure, über die Rettungswege aus Aufenthaltsräumen oder aus Nutzungseinheiten mit Aufenthaltsräumen zu Ausgängen in notwendige Treppenräume oder ins Freie führen (notwendige Flure), müssen so angeordnet und ausgebildet sein, dass die Nutzung im Brandfall ausreichend lang möglich ist. Notwendige Flure sind nicht erforderlich

1. in Wohngebäuden der Gebäudeklassen 1 und 2,

2. in sonstigen Gebäuden der Gebäudeklassen 1 und 2, ausgenommen in Kellergeschossen,

3. innerhalb von Nutzungseinheiten mit nicht mehr als 200 m² und innerhalb von Wohnungen sowie

4. innerhalb von Nutzungseinheiten, die einer Büro- oder Verwaltungsnutzung dienen, mit nicht mehr als 400 m²; das gilt auch für Teile größerer Nutzungseinheiten, wenn diese Teile nicht größer als 400 m² sind, Trennwände nach § 29 Absatz 2 Nummer 1 haben und jeder Teil unabhängig von anderen Teilen Rettungswege nach § 33 Absatz 1 hat.

(2) Notwendige Flure müssen so breit sein, dass sie für den größten zu erwartenden Verkehr ausreichen. In den Fluren ist eine Folge von weniger als drei Stufen unzulässig.

(3) Notwendige Flure sind durch nichtabschließbare, rauchdichte und selbstschließende Abschlüsse in Rauchabschnitte zu unterteilen. Die Rauchabschnitte sollen nicht länger als 30 m sein. Die Abschlüsse sind

bis an die Rohdecke zu führen. Sie dürfen bis an die Unterdecke der Flure geführt werden, wenn die Unterdecke feuerhemmend ist. Notwendige Flure mit nur einer Fluchtrichtung, die zu einem Sicherheitstreppenraum führen, dürfen nicht länger als 15 m sein. Die Sätze 1 bis 5 gelten nicht für offene Gänge nach Absatz 5.
(4) Die Wände notwendiger Flure müssen als raumabschließende Bauteile feuerhemmend, in Kellergeschossen, deren tragende und aussteifende Bauteile feuerbeständig sein müssen, feuerbeständig sein. Die Wände sind bis an die Rohdecke zu führen. Sie dürfen bis an die Unterdecke der Flure geführt werden, wenn die Unterdecke feuerhemmend und ein demjenigen nach Satz 1 vergleichbarer Raumabschluss sichergestellt ist. Türen in diesen Wänden müssen dicht schließen. Öffnungen zu Lagerbereichen im Kellergeschoss müssen feuerhemmende, dicht- und selbstschließende Abschlüsse haben.

(5) Für Wände und Brüstungen notwendiger Flure mit nur einer Fluchtrichtung, die als offene Gänge vor den Außenwänden angeordnet sind, gilt Absatz 4 entsprechend. Fenster sind in diesen Außenwänden ab einer Brüstungshöhe von 0,90 m zulässig.

(6) In notwendigen Fluren sowie in offenen Gängen nach Absatz 5 müssen

1. Bekleidungen, Putze, Unterdecken und Dämmstoffe aus nichtbrennbaren Baustoffen bestehen und

2. Wände und Decken aus brennbaren Baustoffen eine Bekleidung aus nichtbrennbaren Baustoffen in ausreichender Dicke haben und

3. Fußbodenbeläge mindestens schwerentflammbar sein.

§ 37
Fenster, Türen, sonstige Öffnungen

(1) Fensterflächen müssen gefahrlos gereinigt werden können.

(2) Glastüren und andere Glasflächen, die bis zum Fußboden allgemein zugänglicher Verkehrsflächen herabreichen, sind so zu kennzeichnen, dass sie leicht erkannt werden können. Weitere Schutzmaßnahmen sind für größere Glasflächen vorzusehen, wenn dies die Verkehrssicherheit erfordert.

(3) Eingangstüren von Wohnungen müssen eine lichte Durchgangsbreite von mindestens 0,90 m haben.

(4) Jedes Kellergeschoss ohne Fenster muss mindestens eine Öffnung ins Freie haben, um eine Rauchableitung zu ermöglichen. Gemeinsame Kellerlichtschächte für übereinanderliegende Kellergeschosse sind unzulässig.

(5) Fenster, die als Rettungswege nach § 33 Absatz 2 Satz 2 dienen, müssen im Lichten mindestens 0,90 m x 1,20 m groß und nicht höher als 1,20 m über der Fußbodenoberkante angeordnet sein. Liegen diese Fenster in Dachschrägen oder Dachaufbauten, so darf ihre Unterkante oder ein davorliegender Auftritt von der Traufkante horizontal gemessen nicht mehr als 1 m entfernt sein. Der Abstand kann in Abstimmung mit der Brandschutzdienststelle vergrößert werden. Von diesen Fenstern müssen sich Menschen zu öffentlichen Verkehrsflächen oder zu Flächen für Einsatzkräfte der Gefahrenabwehr bemerkbar machen können.

§ 38
Umwehrungen

(1) In, an und auf baulichen Anlagen sind zu umwehren oder mit Brüstungen zu versehen:
1. Flächen, die im Allgemeinen zum Begehen bestimmt sind und unmittelbar an mehr als 1 m tiefer liegende Flächen angrenzen; dies gilt nicht, wenn die Umwehrung dem Zweck der Flächen widerspricht,
2. nicht begehbare Oberlichte und Glasabdeckungen in Flächen, die im Allgemeinen zum Begehen bestimmt sind, wenn sie weniger als 0,50 m aus diesen Flächen herausragen,

3. Dächer oder Dachteile, die zum auch nur zeitweiligen Aufenthalt von Menschen bestimmt sind,

4. Öffnungen in begehbaren Decken sowie in Dächern oder Dachteilen nach Nummer 3, wenn sie nicht sicher abgedeckt sind,

5. nicht begehbare Glasflächen in Decken sowie in Dächern oder Dachteilen nach Nummer 3,

6. die freien Seiten von Treppenläufen, Treppenabsätzen und Treppenöffnungen (Treppenaugen) sowie

7. Kellerlichtschächte und Betriebsschächte, die an Verkehrsflächen liegen, wenn sie nicht verkehrssicher abgedeckt sind.

(2) In Verkehrsflächen liegende Kellerlichtschächte und Betriebsschächte sind in Höhe der Verkehrsfläche verkehrssicher abzudecken. An und in Verkehrsflächen liegende Abdeckungen müssen gegen unbefugtes Abheben gesichert sein. Fenster, die unmittelbar an Treppen liegen und deren Brüstungen unter der notwendigen Umwehrungshöhe liegen, sind zu sichern.
(3) Fensterbrüstungen von Flächen mit einer Absturzhöhe bis zu 12 m müssen mindestens 0,80 m, von Flächen mit mehr als 12 m Absturzhöhe mindestens 0,90 m hoch sein. Geringere Brüstungshöhen sind zulässig, wenn durch andere Vorrichtungen wie Geländer die nach Absatz 4 vorgeschriebenen Mindesthöhen eingehalten werden.

(4) Andere notwendige Umwehrungen müssen folgende Mindesthöhen haben:

1. Umwehrungen zur Sicherung von Öffnungen in begehbaren Decken und Dächern sowie Umwehrungen von Flächen mit einer Absturzhöhe von 1 m bis zu 12 m 0,90 m und

2. Umwehrungen von Flächen mit mehr als 12 m Absturzhöhe 1,10 m.

Sechster Abschnitt
Technische Gebäudeausrüstung

§ 39 (Fn 5)
Aufzüge

(1) Aufzüge im Innern von Gebäuden müssen eigene Fahrschächte haben, um eine Brandausbreitung in andere Geschosse ausreichend lang zu verhindern. In einem Fahrschacht dürfen bis zu drei Aufzüge liegen. Aufzüge ohne eigene Fahrschächte sind zulässig

1. innerhalb eines notwendigen Treppenraumes, ausgenommen in Hochhäusern,

2. innerhalb von Räumen, die Geschosse überbrücken,

3. zur Verbindung von Geschossen, die offen miteinander in Verbindung stehen dürfen und

4. in Gebäuden der Gebäudeklassen 1 und 2.

Sie müssen sicher umkleidet sein.

(2) Die Fahrschachtwände müssen als raumabschließende Bauteile

1. in Gebäuden der Gebäudeklasse 5 feuerbeständig und aus nichtbrennbaren Baustoffen,

2. in Gebäuden der Gebäudeklasse 4 hochfeuerhemmend,

3. in Gebäuden der Gebäudeklasse 3 feuerhemmend

sein. Fahrschachtwände aus brennbaren Baustoffen müssen schachtseitig eine Bekleidung aus nichtbrennbaren Baustoffen in ausreichender Dicke haben. Fahrschachttüren und andere Öffnungen in Fahrschachtwänden mit erforderlicher Feuerwiderstandsfähigkeit sind so herzustellen, dass die Anforderungen nach Absatz 1 Satz 1 nicht beeinträchtigt werden.

(3) Fahrschächte müssen zu lüften sein und eine Öffnung zur Rauchableitung mit einem freien Querschnitt von mindestens 2,5 Prozent der Fahrschachtgrundfläche, mindestens jedoch 0,10 m² haben. Diese Öffnung darf einen Abschluss haben, der im Brandfall selbsttätig öffnet und von mindestens einer geeigneten Stelle aus bedient werden kann. Die Lage der Rauchaustrittsöffnungen muss so gewählt werden, dass der Rauchaustritt durch Windeinfluss nicht beeinträchtigt wird.

(4) Gebäude, mit Ausnahme von Ein- und Zweifamilienhäusern, mit mehr als drei oberirdischen Geschossen müssen Aufzüge in ausreichender Zahl haben. Dies gilt nicht, soweit bei bestehenden Gebäuden, die vor dem 1. Januar 2019 zulässigerweise errichtet wurden,

1. durch Änderung, Umbau oder Nutzungsänderung des Dachgeschosses oder
2. durch nachträglichen Ausbau des obersten Geschosses oder bei der Aufstockung um bis zu zwei Geschosse

Wohnraum geschaffen wird, oder

3. die Herstellung eines Aufzuges infolge der Errichtung von bis zu zwei zusätzlichen Geschossen oder infolge einer Nutzungsänderung eines Gebäudes nur unter besonderen Schwierigkeiten hergestellt werden kann.

Ein Aufzug muss von der öffentlichen Verkehrsfläche und von allen Wohnungen in dem Gebäude aus barrierefrei erreichbar sein. In Gebäuden mit mehr als fünf oberirdischen Geschossen muss mindestens ein Aufzug Krankentragen, Rollstühle und Lasten aufnehmen können und Haltestellen in allen Geschossen haben. Haltestellen im obersten Geschoss und in den Kellergeschossen sind nicht erforderlich, wenn sie nur unter besonderen Schwierigkeiten hergestellt werden können.

(5) Fahrkörbe zur Aufnahme einer Krankentrage müssen eine nutzbare Grundfläche von mindestens 1,10 m x 2,10 m und zur Aufnahme eines Rollstuhls von mindestens 1,10 m x 1,40 m haben. Türen müssen eine lichte Durchgangsbreite von mindestens 0,90 m haben. In einem Auf-

zug für Rollstühle und Krankentragen darf der für Rollstühle nicht erforderliche Teil der Fahrkorbgrundfläche durch eine verschließbare Tür abgesperrt werden. Vor den Aufzügen muss eine ausreichende Bewegungsfläche vorhanden sein.

§ 40
Leitungsanlagen, Installationsschächte und -kanäle

(1) Leitungen dürfen durch raumabschließende Bauteile, für die eine Feuerwiderstandsfähigkeit vorgeschrieben ist, nur hindurchgeführt werden, wenn eine Brandausbreitung ausreichend lang nicht zu befürchten ist oder Vorkehrungen hiergegen getroffen sind. Dies gilt nicht

1. für Gebäude der Gebäudeklassen 1 und 2,

2. innerhalb von Wohnungen und

3. innerhalb derselben Nutzungseinheit mit nicht mehr als insgesamt 400 m² in nicht mehr als zwei Geschossen.

(2) In notwendigen Treppenräumen, in Räumen nach § 35 Absatz 3 Satz 2 und in notwendigen Fluren sind Leitungsanlagen nur zulässig, wenn eine Nutzung als Rettungsweg im Brandfall ausreichend lang möglich ist.

(3) Für Installationsschächte und -kanäle gelten Absatz 1 sowie § 41 Absatz 2 Satz 1 und 2 sowie Absatz 3 entsprechend.

§ 41
Lüftungsanlagen

(1) Lüftungsanlagen müssen betriebssicher sein. Sie dürfen den ordnungsgemäßen Betrieb von Feuerungsanlagen nicht beeinträchtigen.

(2) Lüftungsleitungen sowie deren Bekleidungen und Dämmstoffe müssen aus nichtbrennbaren Baustoffen bestehen. Brennbare Baustoffe sind zulässig, wenn ein Beitrag der Lüftungsleitung zur Brandentstehung und Brandweiterleitung nicht zu befürchten ist. Lüftungsleitungen

dürfen raumabschließende Bauteile, für die eine Feuerwiderstandsfähigkeit vorgeschrieben ist, nur überbrücken, wenn eine Brandausbreitung ausreichend lang nicht zu befürchten ist oder wenn Vorkehrungen hiergegen getroffen sind.
(3) Lüftungsanlagen sind so herzustellen, dass sie Gerüche und Staub nicht in andere Räume übertragen.

(4) Lüftungsanlagen dürfen nicht in Abgasanlagen eingeführt werden. Die gemeinsame Nutzung von Lüftungsleitungen zur Lüftung und zur Ableitung der Abgase von Feuerstätten ist zulässig, wenn keine Bedenken wegen der Betriebssicherheit und des Brandschutzes bestehen. Die Abluft ist ins Freie zu führen. Nicht zur Lüftungsanlage gehörende Einrichtungen sind in Lüftungsleitungen unzulässig.

(5) Die Absätze 2 und 3 gelten nicht

1. für Gebäude der Gebäudeklassen 1 und 2,

2. innerhalb von Wohnungen und

3. innerhalb derselben Nutzungseinheit mit nicht mehr als 400 m² in nicht mehr als zwei Geschossen.

(6) Für raumlufttechnische Anlagen und Warmluftheizungen gelten die Absätze 1 bis 5 entsprechend.

§ 42 (Fn 5)
Feuerungsanlagen, sonstige Anlagen zur Wärmeerzeugung, Brennstoffversorgung

(1) Feuerstätten und Abgasanlagen (Feuerungsanlagen) müssen betriebssicher und brandsicher sein. Feuerungsanlagen für feste Brennstoffe dürfen in einem Abstand von weniger als 100 m zu einem Wald, Moor oder Heide nur errichtet oder betrieben werden, wenn durch geeignete Maßnahmen gewährleistet ist, dass keine Brände in denselben durch diese Anlagen entstehen.

(2) Für die Anlagen zur Verteilung von Wärme und zur Warmwasserversorgung gilt Absatz 1 entsprechend.

(3) Feuerstätten dürfen in Räumen nur aufgestellt werden, wenn nach der Art der Feuerstätte und nach Lage, Größe, baulicher Beschaffenheit und Nutzung der Räume Gefahren nicht entstehen.

(4) Abgase von Feuerstätten sind durch Abgasleitungen, Schornsteine und Verbindungsstücke (Abgasanlagen) so abzuführen, dass keine Gefahren oder unzumutbaren Belästigungen entstehen. Abgasanlagen sind in solcher Zahl und Lage und so herzustellen, dass die Feuerstätten des Gebäudes ordnungsgemäß angeschlossen werden können. Sie müssen leicht und sicher gereinigt werden können.

(5) Behälter und Rohrleitungen für brennbare Gase und Flüssigkeiten müssen betriebssicher und brandsicher sein. Diese Behälter sowie feste Brennstoffe sind so aufzustellen oder zu lagern, dass keine Gefahren oder unzumutbaren Belästigungen entstehen.

(6) Für die Aufstellung von ortsfesten Verbrennungsmotoren, Blockheizkraftwerken, Brennstoffzellen und Verdichtern sowie die Ableitung ihrer Verbrennungsgase gelten die Absätze 1, 3 und 4 entsprechend.

(7) Bei der Errichtung oder Änderung von Schornsteinen sowie beim Anschluss von Feuerstätten an Schornsteine oder Abgasleitungen hat die Bauherrin oder der Bauherr sich von der bevollmächtigten Bezirksschornsteinfegerin oder dem bevollmächtigten Bezirksschornsteinfeger bescheinigen zu lassen, dass die Abgasanlage sich in einem ordnungsgemäßen Zustand befindet und für die angeschlossenen Feuerstätten geeignet ist. Bei der Errichtung von Schornsteinen soll vor der Erteilung der Bescheinigung auch der Rohbauzustand besichtigt worden sein. Verbrennungsmotoren und Blockheizkraftwerke dürfen erst dann in Betrieb genommen werden, wenn sie die Tauglichkeit und sichere Benutzbarkeit der Leitungen zur Abführung von Verbrennungsgasen bescheinigt haben. Stellt die bevollmächtigte Bezirksschornsteinfegerin oder der bevollmächtigte Bezirksschornsteinfeger Mängel

fest, hat sie oder er diese Mängel der Bauaufsichtsbehörde mitzuteilen. Satz 1 und Satz 3 gelten nicht für Abgasanlagen, die gemeinsam mit der Feuerstätte in Verkehr gebracht werden und ein gemeinsames CE-Zeichen tragen dürfen.

(8) Gasfeuerstätten dürfen in Räumen nur aufgestellt werden, wenn durch besondere Vorrichtungen an den Feuerstätten oder durch Lüftungsanlagen sichergestellt ist, dass gefährliche Ansammlungen von unverbranntem Gas in den Räumen nicht entstehen.

§ 43 (Fn 5)
Sanitäre Anlagen, Wasserzähler

(1) Jede Wohnung muss ein Bad mit Badewanne oder Dusche haben. Jede Wohnung und jede Nutzungseinheit mit Aufenthaltsräumen muss mindestens eine Toilette haben. Toilettenräume für Wohnungen müssen innerhalb der Wohnung liegen. Fensterlose Bäder und Toiletten sind nur zulässig, wenn eine wirksame Lüftung gewährleistet ist.

(2) Jede Wohnung und jede sonstige Nutzungseinheit muss einen eigenen Wasserzähler haben. Dies gilt nicht bei Nutzungsänderungen, wenn die Anforderung nach Satz 1 nur mit unverhältnismäßigem Mehraufwand erfüllt werden kann.

§ 44
Aufbewahrung fester Abfallstoffe

(1) Feste Abfallstoffe dürfen innerhalb von Gebäuden vorübergehend aufbewahrt werden, in Gebäuden der Gebäudeklassen 3 bis 5 jedoch nur, wenn die dafür bestimmten Räume

1. Trennwände und Decken als raumabschließende Bauteile mit der Feuerwiderstandsfähigkeit der tragenden Wände haben,

2. Öffnungen vom Gebäudeinnern zum Aufstellraum mit feuerhemmenden, dicht- und selbstschließenden Abschlüssen haben,

3. unmittelbar vom Freien entleert werden können und

4. eine ständig wirksame Lüftung haben.

(2) Vorhandene Abfallschächte dürfen nicht betrieben werden. Der Betrieb von Abfallschächten, die zum Zeitpunkt des Inkrafttretens dieser Vorschrift betrieben werden, kann widerruflich unter der Voraussetzung genehmigt werden, dass der Betreiber den sicheren und störungsfreien Betrieb und eine wirksame Abfalltrennung ständig überwacht und dies dokumentiert. Den Bauaufsichtsbehörden sind diese Aufzeichnungen auf Verlangen vorzulegen.

§ 45
Blitzschutzanlagen

Bauliche Anlagen, bei denen nach Lage, Bauart oder Nutzung Blitzschlag leicht eintreten oder zu schweren Folgen führen kann, sind mit dauernd wirksamen Blitzschutzanlagen zu versehen.

Siebenter Abschnitt
Nutzungsbedingte Anforderungen

§ 46
Aufenthaltsräume

(1) Aufenthaltsräume müssen eine lichte Raumhöhe von mindestens 2,40 m haben. Für Aufenthaltsräume in Wohngebäuden der Gebäudeklassen 1 und 2 kann eine lichte Höhe von mindestens 2,30 m gestattet werden. Für Aufenthaltsräume im Dachraum und im Kellergeschoss, im Übrigen für einzelne Aufenthaltsräume und Teile von Aufenthaltsräumen genügt eine lichte Höhe von mindestens 2,20 m. Aufenthaltsräume unter einer Dachschräge müssen eine lichte Höhe von 2,20 m über mindestens der Hälfte ihrer Grundfläche haben. Raumteile mit einer lichten Höhe bis zu 1,50 m bleiben außer Betracht.

(2) Aufenthaltsräume müssen ausreichend belüftet und mit Tageslicht belichtet werden können. Sie müssen Fenster mit einem Rohbaumaß der Fensteröffnungen von mindestens ein Achtel der Netto-Grundfläche des Raumes einschließlich der Netto-Grundfläche verglaster Vorbauten und Loggien haben.

(3) Aufenthaltsräume, deren Nutzung eine Belichtung mit Tageslicht verbietet, sowie Verkaufsräume, Schank- und Speisegaststätten, ärztliche Behandlungs-, Sport-, Spiel-, Werk- und ähnliche Räume sind ohne Fenster zulässig.

§ 47 (Fn 11)
Wohnungen

(1) Jede Wohnung muss eine Küche oder Kochnische haben. Fensterlose Küchen oder Kochnischen sind zulässig, wenn eine wirksame Lüftung gewährleistet ist.

(2) Eine reine Nordlage aller Wohn- und Schlafräume ist unzulässig.
(3) In Wohnungen müssen Schlafräume und Kinderzimmer sowie Flure, über die Rettungswege von Aufenthaltsräumen führen, jeweils mindestens einen Rauchwarnmelder haben. Dieser muss so eingebaut oder angebracht und betrieben werden, dass Brandrauch frühzeitig erkannt und gemeldet wird. Die Betriebsbereitschaft der Rauchwarnmelder hat die unmittelbare besitzhabende Person sicherzustellen, es sei denn, die Eigentümerin oder der Eigentümer übernimmt diese Verpflichtung selbst.

(4) In Gebäuden der Gebäudeklassen 3 bis 5 mit Wohnungen sind leicht und barrierefrei erreichbare Abstellflächen für Kinderwagen und Mobilitätshilfen sowie für jede Wohnung eine ausreichend große Abstellfläche herzustellen.

(5) An Nutzungseinheiten zum Zwecke der Pflege oder Betreuung von Personen mit Pflegebedürftigkeit oder Behinderung, deren Selbstrettungsfähigkeit eingeschränkt ist, sind keine Anforderungen wie an Sonderbauten (§ 50) zu stellen, wenn die Nutzungseinheiten

1. einzeln für weniger als sechs Personen,
2. nicht für Personen mit Intensivpflegebedarf bestimmt sind oder
3. einen gemeinsamen Rettungsweg haben und für insgesamt weniger als zwölf Personen bestimmt sind.

§ 48 (Fn 12)
Stellplätze, Garagen und Fahrradabstellplätze

(1) Die notwendigen Stellplätze und Garagen sowie Fahrradabstellplätze (§ 87 Absatz 1 Nummer 7) sind auf dem Baugrundstück oder in zumutbarer Entfernung davon auf einem geeigneten Grundstück, dessen Benutzung für diesen Zweck öffentlich-rechtlich gesichert wird, herzustellen. Erfolgen die Festlegungen nach Satz 1 durch Bebauungsplan (§ 89 Absatz 2) oder durch örtliche Bauvorschrift (§ 89 Absatz 1 Nummer 4), sind diese maßgeblich.

(2) Die Gemeinde hat den Geldbetrag für die Ablösung von Stellplätzen und Fahrradabstellplätzen zu verwenden für

1. die Herstellung zusätzlicher oder die Instandhaltung, die Instandsetzung oder die Modernisierung bestehender Parkeinrichtungen einschließlich der Ausstattung mit Elektroladestationen,
2. den Bau und die Einrichtung von innerörtlichen Radverkehrsanlagen sowie die Schaffung von öffentlichen Fahrradabstellplätzen einschließlich der Ausstattung mit Elektroladestationen oder
3. sonstige Maßnahmen zur Entlastung der Straßen vom ruhenden Verkehr, einschließlich investiver Maßnahmen des öffentlichen Personennahverkehrs sowie andere Maßnahmen, die Bestandteil eines kommunalen oder interkommunalen Mobilitätskonzepts einer oder mehrerer Gemeinden sind.

§ 49 (Fn 13)
Barrierefreies Bauen

(1) In Gebäuden der Gebäudeklasse 3 bis 5 mit Wohnungen müssen die Wohnungen im erforderlichen Umfang barrierefrei sein. § 39 Absatz 4 bleibt unberührt.

(2) Bauliche Anlagen, die öffentlich zugänglich sind, müssen im erforderlichen Umfang barrierefrei sein. Öffentlich zugänglich sind bauliche Anlagen, wenn und soweit sie nach ihrem Zweck im Zeitraum ihrer Nutzung von im Vorhinein nicht bestimmbaren Personen aufgesucht werden können. Dies gilt insbesondere für

1. Einrichtungen der Kultur und des Bildungswesens,
2. Sport- und Freizeitstätten,
3. Einrichtungen des Gesundheitswesens,
4. Büro-, Verwaltungs- und Gerichtsgebäude,
5. Verkaufs-, Gast- und Beherbergungsstätten sowie
6. Stellplätze, Garagen und Toilettenanlagen.

Toilettenräume und notwendige Stellplätze für Besucherinnen und Besucher sowie für Benutzerinnen und Benutzer müssen in der erforderlichen Anzahl barrierefrei sein. Wohngebäude sind nicht öffentlich zugänglich im Sinne dieses Absatzes.

(3) Die Absätze 1 und 2 gelten jeweils nicht, soweit die Anforderungen wegen schwieriger Geländeverhältnisse oder wegen ungünstiger vorhandener Bebauung nur mit einem unverhältnismäßigen Mehraufwand erfüllt werden können.

§ 50 (Fn 5)
Sonderbauten

(1) An Anlagen und Räume besonderer Art oder Nutzung (Sonderbauten) können im Einzelfall zur Verwirklichung der allgemeinen Anforderungen nach § 3 Absatz 1 besondere Anforderungen gestellt werden. Erleichterungen können gestattet werden, soweit es der Einhaltung von Vorschriften wegen der besonderen Art oder Nutzung baulicher Anlagen oder Räume oder wegen besonderer Anforderungen nicht bedarf. Die Anforderungen und Erleichterungen nach den Sätzen 1 und 2 können sich insbesondere erstrecken auf

1. die Anordnung der baulichen Anlagen auf dem Grundstück,

2. die Abstände von Nachbargrenzen, von anderen baulichen Anlagen auf dem Grundstück und von öffentlichen Verkehrsflächen sowie auf die Größe der freizuhaltenden Flächen der Grundstücke,

3. die Öffnungen nach öffentlichen Verkehrsflächen und nach angrenzenden Grundstücken,

4. die Anlage von Zu- und Abfahrten,

5. die Anlage von Grünstreifen, Baumpflanzungen und anderen Pflanzungen sowie die Begrünung oder Beseitigung von Halden und Gruben,

6. die Bauart und Anordnung aller für die Stand- und Verkehrssicherheit, den Brand-, Wärme-, Schall- oder Gesundheitsschutz wesentlichen Bauteile und die Verwendung von Baustoffen,

7. Brandschutzanlagen, -einrichtungen und -vorkehrungen,

8. die Löschwasserrückhaltung,

9. die Anordnung und Herstellung von Aufzügen, Treppen, Treppenräumen, Fluren, Ausgängen, sonstigen Rettungswegen,

10. die Beleuchtung und Energieversorgung,

11. die Lüftung und Rauchableitung,

12. die Feuerungsanlagen und Heizräume,

13. die Wasserversorgung für Löschzwecke,

14. die Aufbewahrung und Entsorgung von Abwasser und festen Abfallstoffen,

15. die Stellplätze und Garagen mit und ohne einer Stromzuleitung für die Aufladung von Batterien für Elektrofahrzeuge sowie Fahrradabstellplätze,
16. die barrierefreie Nutzbarkeit,

17. die zulässige Zahl der Benutzerinnen und Benutzer, Anordnung und Zahl der zulässigen Sitz- und Stehplätze bei Versammlungsstätten, Gaststätten, Vergnügungsstätten, Tribünen und Fliegenden Bauten,

18. die Zahl der Toiletten für Besucherinnen und Besucher,

19. Umfang, Inhalt und Zahl besonderer Bauvorlagen, insbesondere eines Brandschutzkonzepts,

20. weitere zu erbringende Bescheinigungen,

21. die Bestellung und Qualifikation der Bauleitenden und der Fachbauleitenden,

22. den Betrieb und die Nutzung einschließlich der Bestellung und der Qualifikation einer oder eines Brandschutzbeauftragten,

23. Erst-, Wiederholungs- und Nachprüfungen und die Bescheinigungen, die hierüber zu erbringen sind und

24. Gebäudefunkanlagen für die Feuerwehr.

(2) Große Sonderbauten sind

1. Hochhäuser (Gebäude mit einer Höhe nach § 2 Absatz 3 Satz 2 von mehr als 22 m),

2. bauliche Anlagen mit einer Höhe von mehr als 30 m,

3. Gebäude mit mehr als 1 600 m² Grundfläche des Geschosses mit der größten Ausdehnung; ausgenommen Gewächshäuser ohne Verkaufsstätten, die einem land- oder forstwirtschaftlichen Betrieb oder einem Betrieb der gartenbaulichen Erzeugung dienen sowie Wohngebäude,

4. Verkaufsstätten, deren Verkaufsräume und Ladenstraßen einschließlich ihrer inneren Bauteile eine Fläche von insgesamt mehr als 2 000 m² haben,

5. Büro- und Verwaltungsgebäude mit mehr als 3 000 m² Geschossfläche,

6. Versammlungsstätten

a) mit Versammlungsräumen, die einzeln für mehr als 200 Besucherinnen und Besucher bestimmt sind oder mit mehreren Versammlungsräumen, die insgesamt für mehr als 200 Besucherinnen und Besucher bestimmt sind, wenn diese Versammlungsräume gemeinsame Rettungswege haben,

b) im Freien mit Szenenflächen und Tribünen, die keine Fliegenden Bauten sind und deren Besucherbereich für mehr als 1 000 Besucherinnen und Besucher bestimmt ist, sowie solche Versammlungsstätten im Freien, die für mehr als 5 000 Besucherinnen und Besucher bestimmt sind, und

c) Sportstadien und Freisportanlagen mit Tribünen, die keine Fliegenden Bauten sind, und die jeweils für insgesamt mehr als 5 000 Besucherinnen und Besucher bestimmt sind,

7. Schank- und Speisegaststätten mit mehr als 200 Gastplätzen in Gebäuden oder mehr als 1 000 Gastplätzen im Freien, Beherbergungsstätten mit mehr als 30 Betten, Vergnügungsstätten sowie Wettbüros,

8. Gebäude mit Nutzungseinheiten zum Zwecke der Pflege oder Betreuung von Personen mit Pflegebedürftigkeit oder Behinderung, deren Selbstrettungsfähigkeit eingeschränkt ist, wenn die Nutzungseinheiten

a) einzeln für mehr als sechs Personen oder

b) für Personen mit Intensivpflegebedarf bestimmt sind, oder

c) einen gemeinsamen Rettungsweg haben und für insgesamt mehr als zwölf Personen bestimmt sind,

9. Krankenhäuser,

10. Wohnheime,

11. Tageseinrichtungen für Kinder, Menschen mit Behinderung und alte Menschen, sonstige Einrichtungen zur Unterbringung von Personen, ausgenommen Tageseinrichtungen einschließlich Tagespflege für nicht mehr als zehn Kinder,

12. Schulen, Hochschulen und ähnliche Einrichtungen,

13. Justizvollzugsanstalten und bauliche Anlagen für den Maßregelvollzug,

14. Camping- und Wochenendplätze,

15. Freizeit- und Vergnügungsparks,

16. Regallager mit einer Oberkante Lagerguthöhe von mehr als 9 m,

17. bauliche Anlagen, deren Nutzung durch Umgang oder Lagerung von Stoffen mit Explosions- oder erhöhter Brandgefahr verbunden ist,

18. Garagen mit mehr als 1 000 m² Nutzfläche.

§ 51
Behelfsbauten und untergeordnete Gebäude

(1) Die §§ 26 bis 50 gelten nicht für Anlagen, die nach ihrer Ausführung für eine dauernde Nutzung nicht geeignet sind oder die für eine begrenzte Zeit aufgestellt werden sollen (Behelfsbauten). Behelfsbauten, die überwiegend aus brennbaren Baustoffen bestehen, dürfen nur erdgeschossig hergestellt werden. Ihre Dachräume dürfen nicht nutzbar sein und müssen von der Giebelseite oder vom Flur aus für die Brandbekämpfung erreichbar sein. Brandwände (§ 30) sind mindestens alle 30 m anzuordnen und stets 0,30 m über Dach und vor die Seitenwände zu führen.

(2) Absatz 1 gilt auch für freistehende andere Gebäude, die eingeschossig sind und nicht für einen Aufenthalt oder nur für einen vorübergehenden Aufenthalt bestimmt sind wie Lauben und Unterkunftshütten.

Vierter Teil
Die am Bau Beteiligten

§ 52
Grundpflichten

Bei der Errichtung, Änderung, Nutzungsänderung und der Beseitigung von Anlagen sind die Bauherrin oder der Bauherr und im Rahmen ihres Wirkungskreises die anderen am Bau Beteiligten (§§ 54 bis 56) dafür verantwortlich, dass die öffentlich-rechtlichen Vorschriften eingehalten werden.

§ 53 (Fn 5)
Bauherrschaft

(1) Die Bauherrin oder der Bauherr hat zur Vorbereitung, Überwachung und Ausführung eines nicht verfahrensfreien Bauvorhabens sowie der Beseitigung von Anlagen geeignete Beteiligte nach Maßgabe der §§ 54 bis 56 zu bestellen, soweit sie oder er nicht selbst zur Erfüllung der Verpflichtungen nach diesen Vorschriften geeignet ist. Der Bauherrin oder dem Bauherrn obliegen außerdem die nach den öffentlich-rechtlichen Vorschriften erforderlichen Anträge, Anzeigen und Nachweise. Sie oder er hat die zur Erfüllung der Anforderungen dieses Gesetzes oder aufgrund dieses Gesetzes erforderlichen Nachweise und Unterlagen zu den verwendeten Bauprodukten und den angewandten Bauarten bereitzuhalten. Werden Bauprodukte verwendet, die die CE-Kennzeichnung nach der Verordnung (EU) Nr. 305/2011 tragen, ist die Leistungserklärung bereitzuhalten. Die Bauherrin oder der Bauherr hat vor Baubeginn den Namen der Bauleiterin oder des Bauleiters und während der Bauausführung einen Wechsel dieser Person unverzüglich der Bauaufsichtsbehörde schriftlich mitzuteilen. Wechselt die Bauherrin oder der Bauherr, hat der oder die neue Bauherrin oder der neue Bauherr dies der Bauaufsichtsbehörde unverzüglich schriftlich mitzuteilen.

(2) Bei Bauarbeiten, die unter Einhaltung des Gesetzes zur Bekämpfung der Schwarzarbeit in Selbst- oder Nachbarschaftshilfe ausgeführt werden, ist die Beauftragung von Unternehmen nicht erforderlich, wenn dabei genügend Fachkräfte mit der nötigen Sachkunde, Erfahrung und

Zuverlässigkeit mitwirken. Die Beseitigung von nicht verfahrensfreien Anlagen gemäß § 62 Absatz 1 darf nicht in Selbst- oder Nachbarschaftshilfe ausgeführt werden.

(3) Treten bei einem Bauvorhaben mehrere Personen als Bauherrin oder als Bauherr auf, so kann die Bauaufsichtsbehörde verlangen, dass ihr gegenüber eine Vertreterin oder ein Vertreter bestellt wird, der oder die die der Bauherrin oder dem Bauherrn nach den öffentlich-rechtlichen Vorschriften obliegenden Verpflichtungen zu erfüllen hat. Im Übrigen findet § 18 Absatz 1 Satz 2 und 3 sowie Absatz 2 des Verwaltungsverfahrensgesetzes für das Land Nordrhein-Westfalen vom 12. November 1999 (GV. NRW. S. 602), das zuletzt durch Artikel 2 des Gesetzes vom 15. November 2016 (GV. NRW. S. 934) geändert worden ist, entsprechende Anwendung.

§ 54
Entwurfsverfassende

(1) Die Entwurfsverfasserin oder der Entwurfsverfasser muss nach Sachkunde und Erfahrung zur Vorbereitung des jeweiligen Bauvorhabens geeignet sein. Sie oder er ist für die Vollständigkeit und Brauchbarkeit ihres oder seines Entwurfs verantwortlich. Die Entwurfsverfasserin oder der Entwurfsverfasser hat dafür zu sorgen, dass die für die Ausführung notwendigen Einzelzeichnungen, Einzelberechnungen und Anweisungen den öffentlich-rechtlichen Vorschriften entsprechen.

(2) Hat die Entwurfsverfasserin oder der Entwurfsverfasser auf einzelnen Fachgebieten nicht die erforderliche Sachkunde und Erfahrung, so sind geeignete Fachplanerinnen und Fachplaner heranzuziehen. Diese sind für die von ihnen gefertigten Unterlagen, die sie zu unterzeichnen haben, verantwortlich. Für das ordnungsgemäße Ineinandergreifen aller Fachplanungen bleibt die Entwurfsverfasserin oder der Entwurfsverfasser verantwortlich.

(3) Brandschutzkonzepte für bauliche Anlagen werden von staatlich anerkannten Sachverständigen nach § 87 Absatz 2 Satz 1 Nummer 4 für

die Prüfung des Brandschutzes, von öffentlich bestellten und vereidigten Sachverständigen für vorbeugenden Brandschutz nach § 36 der Gewerbeordnung in der Fassung der Bekanntmachung vom 22. Februar 1999 (BGBl. I S. 202), die zuletzt durch Artikel 1 des Gesetzes vom 17. Oktober 2017 (BGBl. I S. 3562) geändert worden ist, oder von Personen aufgestellt, die im Einzelfall für die Aufgabe nach Sachkunde und Erfahrung vergleichbar geeignet sind.

(4) Standsicherheitsnachweise für bauliche Anlagen werden von Personen mit einem berufsqualifizierenden Hochschulabschluss eines Studiums der Fachrichtung Architektur, Hochbau oder des Bauingenieurwesens mit einer mindestens dreijährigen Berufserfahrung in der Tragwerksplanung aufgestellt, die als Mitglied einer Architektenkammer in einer von der Architektenkammer Nordrhein-Westfalen zu führenden Liste oder als Mitglied einer Ingenieurkammer in einer von der Ingenieurkammer-Bau Nordrhein-Westfalen zu führenden Liste eingetragen sind (qualifizierte Tragwerksplanerin oder qualifizierter Tragwerksplaner). Als berechtigte Person nach Satz 1 kann sich, soweit die Studienanforderungen nach Satz 1 nicht erfüllt werden, in die Liste bis zum 30. Juni 2022 auch eintragen lassen, wer während eines Zeitraumes von fünf Jahren vor Inkrafttreten dieses Gesetzes regelmäßig Standsicherheitsnachweise für bauliche Anlagen aufgestellt hat und dies sowie die erforderliche Sachkunde gegenüber der zuständigen Stelle nachweist. Eintragungen anderer Länder gelten im Land Nordrhein-Westfalen, soweit diese auch die Mitgliedschaft in einer Architektenkammer oder einer Ingenieurkammer nachweisen können. § 67 Absatz 5 bis 7 gilt entsprechend.

§ 55
Unternehmen

(1) Jedes Unternehmen ist für die mit den öffentlich-rechtlichen Anforderungen übereinstimmende Ausführung der von ihm übernommenen Arbeiten und insoweit für die ordnungsgemäße Einrichtung und den sicheren Betrieb der Baustelle sowie für die Einhaltung der Arbeitsschutzbestimmungen verantwortlich. Es hat die zur Erfüllung der Anfor-

derungen dieses Gesetzes oder aufgrund dieses Gesetzes erforderlichen Nachweise und Unterlagen zu den verwendeten Bauprodukten und den angewandten Bauarten zu erbringen und auf der Baustelle bereitzuhalten. Bei Bauprodukten, die die CE-Kennzeichnung nach der Verordnung (EU) Nr. 305/2011 tragen, ist die Leistungserklärung bereitzuhalten.

(2) Jedes Unternehmen hat auf Verlangen der Bauaufsichtsbehörde für Arbeiten, bei denen die Sicherheit der Anlage in außergewöhnlichem Maße von der besonderen Sachkenntnis und Erfahrung des Unternehmens oder von einer Ausstattung des Unternehmens mit besonderen Vorrichtungen abhängt, nachzuweisen, dass es für diese Arbeiten geeignet ist und über die erforderlichen Vorrichtungen verfügt.

§ 56
Bauleitende

(1) Die Bauleiterin oder der Bauleiter hat darüber zu wachen, dass die Baumaßnahme entsprechend den öffentlich-rechtlichen Anforderungen durchgeführt wird, und die dafür erforderlichen Weisungen zu erteilen. Sie oder er hat im Rahmen dieser Aufgabe auf den sicheren bautechnischen Betrieb der Baustelle, insbesondere auf das gefahrlose Ineinandergreifen der Arbeiten der Unternehmen zu achten. Die Verantwortlichkeit der Unternehmen bleibt unberührt.

(2) Die Bauleiterin oder der Bauleiter muss über die für ihre oder seine Aufgabe erforderliche Sachkunde und Erfahrung verfügen. Verfügt er oder sie auf einzelnen Teilgebieten nicht über die erforderliche Sachkunde und Erfahrung, sind eine geeignete Fachbauleiterin oder ein geeigneter Fachbauleiter heranzuziehen. Diese treten insoweit an die Stelle der Bauleiterin oder des Bauleiters. Die Bauleiterin oder der Bauleiter hat die Tätigkeit der Fachbauleiterinnen und Fachbauleiter und ihre oder seine Tätigkeit aufeinander abzustimmen.

Fünfter Teil
Bauaufsichtsbehörden, Verfahren

Erster Abschnitt
Bauaufsichtsbehörden

§ 57 (Fn 5)
Aufbau und Zuständigkeit der Bauaufsichtsbehörden

(1) Bauaufsichtsbehörden sind als Ordnungsbehörden:

1. Oberste Bauaufsichtsbehörde: das für die Bauaufsicht zuständige Ministerium,

2. Obere Bauaufsichtsbehörden: die Bezirksregierungen für die kreisfreien Städte und Kreise sowie in den Fällen des § 79, im Übrigen die Landräte als untere staatliche Verwaltungsbehörden und

3. Untere Bauaufsichtsbehörden:

a) die kreisfreien Städte, die Großen kreisangehörigen Städte und die Mittleren kreisangehörigen Städte als untere Bauaufsichtsbehörden sowie

b) die Kreise für die übrigen kreisangehörigen Gemeinden.

Für den Vollzug dieses Gesetzes sowie anderer öffentlich-rechtlicher Vorschriften für die Errichtung, Änderung, Nutzungsänderung und Beseitigung sowie die Nutzung und die Instandhaltung von Anlagen ist die untere Bauaufsichtsbehörde zuständig. Die gesetzlich geregelten Zuständigkeiten und Befugnisse anderer Behörden bleiben unberührt.

(2) Die Bauaufsichtsbehörden sind zur Durchführung ihrer Aufgaben ausreichend mit geeigneten Fachkräften zu besetzen und mit den erforderlichen Vorrichtungen auszustatten. Geeignete Fachkräfte sind insbesondere Personen, die einen Hochschulabschluss der Fachrich-

tungen Architektur oder Bauingenieurwesen haben und die insbesondere die erforderlichen Kenntnisse des öffentlichen Baurechts, der Bautechnik und der Baugestaltung haben.

§ 58 (Fn 14)
Aufgaben und Befugnisse der Bauaufsichtsbehörden

(1) Die den Bauaufsichtsbehörden obliegenden Aufgaben gelten als solche der Gefahrenabwehr. § 89 bleibt unberührt.

(2) Die Bauaufsichtsbehörden haben bei der Errichtung, Änderung, Nutzungsänderung und Beseitigung sowie bei der Nutzung und Instandhaltung von Anlagen darüber zu wachen, dass die öffentlich-rechtlichen Vorschriften und die aufgrund dieser Vorschriften erlassenen Anordnungen eingehalten werden, soweit nicht andere Behörden zuständig sind. Sie haben in Wahrnehmung dieser Aufgaben nach pflichtgemäßem Ermessen die erforderlichen Maßnahmen zu treffen.

(3) Bauaufsichtliche Genehmigungen und sonstige Maßnahmen gelten auch für und gegen Rechtsnachfolgerinnen oder gegen Rechtsnachfolger.

(4) Die Bauaufsichtsbehörden können bei der Errichtung oder Änderung baulicher Anlagen verlangen, dass die Geländeoberfläche erhalten oder verändert wird, um eine Störung des Straßen-, Orts- oder Landschaftsbildes zu vermeiden oder zu beseitigen oder um die Geländeoberfläche der Höhe der Verkehrsflächen oder der Nachbargrundstücke anzugleichen.

(5) Die Bauaufsichtsbehörden können zur Erfüllung ihrer Aufgaben Sachverständige und sachverständige Stellen nach § 87 Absatz 2 Nummer 3 heranziehen. Für die bauaufsichtliche Prüfung des Brandschutzes einschließlich des Brandschutzkonzeptes und die Zulassung von Abweichungen von Anforderungen an den Brandschutz kann eine Prüfingenieurin oder ein Prüfingenieur für den Brandschutz beauftragt werden.

(6) Auch nach Erteilung einer Baugenehmigung nach § 74 oder einer Zustimmung nach § 79 können Anforderungen gestellt werden, um dabei nicht voraussehbare Gefahren oder unzumutbare Belästigungen von der Allgemeinheit oder denjenigen, die die bauliche Anlage benutzen, abzuwenden. Satz 1 gilt entsprechend, wenn Anlagen ohne Genehmigung oder Zustimmung errichtet werden dürfen oder sie im Rahmen eines Verfahrens nach § 66 Absatz 5 als genehmigt gelten.

(7) Die mit dem Vollzug dieses Gesetzes beauftragten Personen sind berechtigt, in Ausübung ihres Amtes Grundstücke und Anlagen einschließlich der Wohnungen zu betreten. Das Grundrecht der Unverletzlichkeit der Wohnung nach Artikel 13 des Grundgesetzes wird insoweit eingeschränkt.

§ 59
Bestehende Anlagen

(1) Entsprechen rechtmäßig bestehende Anlagen nicht den Vorschriften dieses Gesetzes oder Vorschriften, die aufgrund dieses Gesetzes erlassen worden sind, so kann verlangt werden, dass die Anlagen diesen Vorschriften angepasst werden, wenn dies im Einzelfall wegen der Abwehr von Gefahren für Leben und Gesundheit erforderlich ist.

(2) Sollen Anlagen wesentlich geändert werden, so kann gefordert werden, dass auch die nicht unmittelbar berührten Teile der Anlage mit diesem Gesetz oder den aufgrund dieses Gesetzes erlassenen Vorschriften in Einklang gebracht werden, wenn

1. die Bauteile, die diesen Vorschriften nicht mehr entsprechen, mit den Änderungen in einem konstruktiven Zusammenhang stehen und

2. die Durchführung dieser Vorschriften bei den von den Änderungen nicht berührten Teilen der Anlage keinen unverhältnismäßigen Mehraufwand verursacht.

In diesem Zusammenhang sind angemessene Regelungen zur Barrierefreiheit zu treffen.

Zweiter Abschnitt
Genehmigungspflicht, Genehmigungsfreiheit

§ 60 (Fn 5)
Grundsatz

(1) Die Errichtung, Änderung und Nutzungsänderung bedürfen der Baugenehmigung, soweit in den §§ 61 bis 63, 78 und 79 nichts anderes bestimmt ist.
(2) Die Genehmigungsfreiheit nach den §§ 61 bis 63, 78 und 79 Absatz 1 Satz 1 sowie die Beschränkung der bauaufsichtlichen Prüfung nach § 64 entbinden nicht von der Verpflichtung zur Einhaltung der Anforderungen, die durch öffentlich-rechtliche Vorschriften an Anlagen gestellt werden, und lassen die bauaufsichtlichen Eingriffsbefugnisse unberührt.

§ 61 (Fn 2)
Vorrang anderer Gestattungsverfahren

(1) Folgende Gestattungen schließen eine Baugenehmigung nach § 60 sowie eine Zustimmung nach § 79 ein:

1. für nach anderen Rechtsvorschriften zulassungsbedürftige Anlagen in, an, über und unter oberirdischen Gewässern und Anlagen, die dem Ausbau, der Unterhaltung oder der Nutzung eines Gewässers dienen oder als solche gelten, ausgenommen Gebäude, die Sonderbauten sind,

2. für nach anderen Rechtsvorschriften zulassungsbedürftige Anlagen für die öffentliche Versorgung mit Elektrizität, Gas, Wärme, Wasser und für die öffentliche Verwertung oder Entsorgung von Abwässern, ausgenommen Gebäude, die Sonderbauten sind,

3. für Anlagen, die nach § 35 Absatz 3 des Kreislaufwirtschaftsgesetzes vom 24. Februar 2012 (BGBl. I. S 212), das zuletzt durch Artikel 2 des Gesetzes vom 20. Juli 2017 (BGBl. I S. 2808) geändert worden ist, einer Genehmigung bedürfen,

4. für Anlagen, die nach Produktsicherheitsrecht einer Genehmigung oder Erlaubnis bedürfen,

5. für Anlagen, die einer Errichtungsgenehmigung nach § 7 des Atomgesetzes in der Fassung der Bekanntmachung vom 15. Juli 1985 (BGBl. I S. 1565), das zuletzt durch Artikel 2 Absatz 2 des Gesetzes vom 20. Juli 2017 (BGBl. I S. 2808) geändert worden ist, bedürfen,

6. für Anlagen, die einer Genehmigung nach § 8 des Gentechnikgesetzes in der Fassung der Bekanntmachung vom 16. Dezember 1993 (BGBl. I S. 2066), das zuletzt durch Artikel 3 des Gesetzes vom 17. Juli 2017 (BGBl. I S. 2421) geändert worden ist, bedürfen,

7. für Anlagen, die nach § 4 und § 16 Absatz 1 des Bundes-Immissionsschutzgesetzes in der Fassung der Bekanntmachung vom 17. Mai 2013 (BGBl. I S. 1274), das zuletzt durch Artikel 3 des Gesetzes vom 18. Juli 2017 (BGBl. I S. 2771) geändert worden ist, einer Genehmigung bedürfen, auch wenn sie im vereinfachten Verfahren nach § 19 des Bundes-Immissionsschutzgesetzes erteilt wird.

8. für Anlagen, die von der Verbindlichkeitserklärung eines Sanierungsplans nach § 13 Absatz 6 des Bundes-Bodenschutzgesetzes vom 17. März 1998 (BGBl. I S. 502), das zuletzt durch Artikel 3 Absatz 3 der Verordnung vom 27. September 2017 (BGBl. I S. 3465) geändert worden ist, oder nach § 15 Absatz 3 des Landesbodenschutzgesetzes vom 9. Mai 2000 (GV. NRW. S. 439), das zuletzt durch Artikel 5 des Gesetzes vom 20. September 2016 (GV. NRW. S. 790) geändert worden ist, umfasst sind.
Handelt es sich bei dem genehmigungsbedürftigen Vorhaben um ein solches, das nach dem Gesetz über die Umweltverträglichkeitsprüfung in der Fassung der Bekanntmachung vom 24. Februar 2010 (BGBl. I S. 94), das zuletzt durch Artikel 2 des Gesetzes vom 8. September 2017 (BGBl. I S. 3370) geändert worden ist, oder nach dem Landesumweltverträglichkeitsprüfungsgesetz vom 29. April 1992 (GV. NRW. 1992 S. 175), das zuletzt durch Artikel 1 des Gesetzes vom 26. März 2019 (GV.

NRW. S. 193) geändert worden ist, einer Umweltverträglichkeitsprüfung bedarf, so muss dieses Gestattungsverfahren den Anforderungen des Landesumweltverträglichkeitsprüfungsgesetzes entsprechen.
(2) Die Vorschriften über gesetzlich geregelte Planfeststellungsverfahren bleiben unberührt.

§ 62 (Fn 15)
Verfahrensfreie Bauvorhaben, Beseitigung von Anlagen

(1) Verfahrensfrei sind:

1. folgende Gebäude:

a) Gebäude bis zu 75 m³ Brutto-Rauminhalt ohne Aufenthaltsräume, Ställe, Toiletten oder Feuerstätten, im Außenbereich nur, wenn sie einem land- oder forstwirtschaftlichen Betrieb (§ 35 Absatz 1 Nummer 1 des Baugesetzbuchs in der Fassung der Bekanntmachung vom 3. November 2017 (BGBl. I S. 3634) und weder Verkaufs- noch Ausstellungszwecken dienen,

b) Garagen einschließlich überdachter Stellplätze mit einer mittleren Wandhöhe bis zu 3 m und einer Brutto-Grundfläche bis zu insgesamt 30 m², außer im Außenbereich,

c) Gebäude bis zu 4 m Firsthöhe, die nur zum vorübergehenden Schutz von Pflanzen und Tieren bestimmt sind und die einem land- oder forstwirtschaftlichen Betrieb dienen,

d) Gewächshäuser ohne Verkaufsstätten mit einer Firsthöhe bis zu 5 m und nicht mehr als 1 600 m2 Grundfläche, die einem land- oder forstwirtschaftlichen Betrieb oder einem Betrieb der gartenbaulichen Erzeugung im Sinne des § 35 Absatz 1 Nummer 1 und 2 und des § 201 des Baugesetzbuchs dienen,

e) Fahrgastunterstände des öffentlichen Personenverkehrs oder der Schülerbeförderung,

f) Schutzhütten für Wanderer,

g) Terrassenüberdachungen mit einer Fläche bis zu 30 m² und einer Tiefe bis zu 4,50 m, Balkonverglasungen sowie Balkonüberdachungen bis 30 m² Grundfläche, Wintergärten bis 30 m² Brutto-Grundfläche bei Gebäuden der Gebäudeklassen 1 bis 3 mit einem Mindestabstand von 3 m zur Nachbargrenze

h) Gartenlauben in Kleingartenanlagen nach dem Bundeskleingartengesetz vom 28. Februar 1983 (BGBl. I S. 210), das zuletzt durch Artikel 11 des Gesetzes vom 19. September 2006 (BGBl. I S. 2146) geändert worden ist,

i) Dachgauben und vergleichbare Dachaufbauten im Geltungsbereich einer städtebaulichen Satzung oder einer Satzung nach § 89, die Regelungen über die Zulässigkeit, den Standort und die Größe der Anlage enthält, wenn sie den Festsetzungen der Satzung entsprechen und die statisch-konstruktive Unbedenklichkeit von einer nach § 54 Absatz 4 berechtigten Person festgestellt und der Bauherrschaft bescheinigt wurde,

2. Anlagen der technischen Gebäudeausrüstung, ausgenommen

a) freistehende Abgasanlagen mit einer Höhe von mehr als 10 m,

b) Aufzüge in Sonderbauten (§ 50),

c) Lüftungsanlagen, raumlufttechnische Anlagen, Warmluftheizungen, Installationsschächte und -kanäle, die Gebäudetrennwände und, außer in Gebäuden der Gebäudeklasse 1 bis 3, Geschosse überbrücken;

3. folgende Anlagen zur Nutzung erneuerbarer Energien:

a) Solaranlagen in, an und auf Dach- und Außenwandflächen ausgenommen bei Hochhäusern sowie die damit verbundene Änderung der Nutzung oder der äußeren Gestalt des Gebäudes,

b) gebäudeunabhängige Solaranlagen mit einer Höhe bis zu 3 m und einer Gesamtlänge je Grundstücksgrenze bis zu 9 m,

c) Kleinwindanlagen bis zu 10 m Anlagengesamthöhe sowie die damit verbundene Änderung der Nutzung oder der äußeren Gestalt des Gebäudes, außer in reinen, allgemeinen und besonderen Wohngebieten sowie Mischgebieten,

d) in Serie hergestellte Blockheizkraftwerke und in Serie hergestellte Brennstoffzellen sowie Wärmepumpen jeweils unter den Voraussetzungen des Satzes 2 und des § 42 Absatz 7 Satz 3,

e) Photovoltaikanlagen auf Kranstellflächen von Windenergieanlagen,

4. folgende Anlagen zur Ver- und Entsorgung:
a) Brunnen

b) bauliche Anlagen, die der Telekommunikation, der allgemeinen Versorgung mit Elektrizität, Gas, Öl, Wärme und Wasser dienen, wie Transformatoren-, Schalt-, Regler- oder Pumpstationen, bis 20 m² Grundfläche und 5 m Höhe,

c) Anlagen zur Verteilung von Wärme bei Wasserheizungsanlagen einschließlich der Wärmeerzeuger, Wasserversorgungsanlagen einschließlich der Warmwasserversorgungsanlagen und ihre Wärmeerzeuger sowie Abwasseranlagen, mit Ausnahme der Gebäude von Abwasserbehandlungsanlagen, jeweils unter der Voraussetzung des Satzes 2,

5. folgende Masten, Antennen und ähnliche Anlagen:

a)

aa) Antennen und Antennen tragende Masten mit einer Höhe bis zu 15 m, auf Gebäuden gemessen ab dem Schnittpunkt der Anlage mit der Dachhaut, im Außenbereich freistehend mit einer Höhe bis zu 20 m, wenn eine hierfür nach § 54 Absatz 4 berechtigte Person die statisch-

konstruktive Unbedenklichkeit festgestellt und der Bauherrschaft bescheinigt hat,
bb) zugehörige Versorgungseinheiten mit einem Brutto-Rauminhalt bis zu 10 m³
sowie die mit solchen Vorhaben verbundene Änderung der Nutzung oder der äußeren Gestalt einer bestehenden baulichen Anlage,

b) ortsveränderliche Antennenträger, die nur vorübergehend aufgestellt werden,

c) Masten und Unterstützungen für Telekommunikationsleitungen, für Leitungen zur Versorgung mit Elektrizität einschließlich der Leitungen selbst, für Seilbahnen, für Leitungen sonstiger Verkehrsmittel und für Sirenen sowie für Fahnen,

d) Masten, die aus Gründen des Brauchtums errichtet werden,

e) Flutlichtmasten auf Sportanlagen, ansonsten bis zu einer Höhe von 10 m,

f) Blitzschutzanlagen,

6. folgende Behälter:

a) ortsfeste Behälter für Flüssiggas mit einem Fassungsvermögen von weniger als 3 t, für sonstige verflüssigte oder nicht verflüssigte Gase mit einem Brutto-Rauminhalt von bis zu 6 m³,

b) ortsfeste Behälter für brennbare oder wassergefährdende Flüssigkeiten mit einem Brutto-Rauminhalt bis zu 10 m³,

c) ortsfeste Behälter sonstiger Art mit einem Brutto-Rauminhalt bis zu 50 m³ und einer Höhe bis zu 3 m,

d) Gärfutterbehälter mit einer Höhe bis zu 6 m und Schnitzelgruben,

e) Kompost- und ähnliche Anlagen sowie

f) Wasserbecken mit einem Beckeninhalt bis zu 100 m³,

7. folgende Mauern und Einfriedungen:

a) Mauern einschließlich Stützmauern und Einfriedungen mit einer Höhe bis zu 2 m, außer im Außenbereich,

b) offene, sockellose Einfriedungen für Grundstücke, die einem land- oder forstwirtschaftlichen Betrieb im Sinne der §§ 35 Absatz 1 Nummer 1, 201 Baugesetzbuch dienen,

8. private Verkehrsanlagen einschließlich Brücken und Durchlässen mit einer lichten Weite bis zu 5 m und Untertunnelungen mit einem Durchmesser bis zu 3 m,

9. Aufschüttungen und Abgrabungen mit einer Höhe oder Tiefe bis zu 2 m und einer Grundfläche bis zu 30 m², im Außenbereich bis zu 400 m²,

10. folgende Anlagen in Gärten und zur Freizeitgestaltung:

a) Schwimmbecken mit einem Beckeninhalt bis zu 100 m³ einschließlich dazugehöriger luftgetragener Überdachungen, außer im Außenbereich,

b) Sprungschanzen, Sprungtürme und Rutschbahnen mit einer Höhe bis zu 10 m,

c) Anlagen, die der zweckentsprechenden Einrichtung von Spiel-, Abenteuerspiel-, Bolz- und Sportplätzen, Reit- und Wanderwegen, Trimm- und Lehrpfaden dienen, ausgenommen Gebäude und Tribünen,

d) Wohnwagen, Zelte und bauliche Anlagen, die keine Gebäude sind, auf Camping-, Zelt- und Wochenendplätzen,

e) bauliche Anlagen, die der Gartengestaltung oder der zweckentsprechenden Einrichtung von Gärten dienen, wie Bänke, Sitzgruppen,

11. folgende tragende und nichttragende Bauteile:

a) nichttragende und nichtaussteifende Bauteile in baulichen Anlagen, an die keine Brandschutzanforderungen gestellt werden, sofern eine für die jeweilige bauliche Anlage nach § 67 Absatz 1 bis 3 und 6 bauvorlageberechtigte Person die statisch-konstruktive und brandschutztechnische Unbedenklichkeit festgestellt und der Bauherrschaft bescheinigt hat,

b) die Änderung tragender oder aussteifender Bauteile innerhalb von Wohngebäuden der Gebäudeklassen 1 und 2, wenn eine berechtigte Person nach § 54 Absatz 4 der Bauherrschaft bescheinigt, dass die Änderung die Standsicherheit des Wohngebäudes im Ganzen und in seinen einzelnen Teilen nicht gefährdet,

c) Fenster und Türen sowie die dafür bestimmten Öffnungen,

d) Außenwandbekleidungen einschließlich Maßnahmen der Wärmedämmung, ausgenommen bei Hochhäusern, Verblendungen und Verputz baulicher Anlagen; örtliche Bauvorschriften nach § 89 sind zu beachten,

e) Bedachungen einschließlich Maßnahmen der Wärmedämmung, ausgenommen bei Hochhäusern,

f) Verkleidungen von Balkonbrüstungen,

g) Erneuerung von Balkonen oder der Ersatz von Balkonen durch Altane auf dem eigenen Grundstück, sofern eine für die jeweilige bauliche Anlage nach § 67 Absatz 1 bis 3 und 6 bauvorlageberechtigte Person die statisch-konstruktive Unbedenklichkeit festgestellt und der Bauherrschaft bescheinigt hat,

12. folgende Werbeanlagen:

a) Werbeanlagen und Hinweiszeichen bis zu einer Größe von 1 m^2,

b) Warenautomaten,

c) Werbeanlagen, die nach ihrem Zweck nur vorübergehend für höchstens zwei Monate angebracht werden, außer im Außenbereich,

d) Schilder, die Inhaber und Art gewerblicher Betriebe kennzeichnen (Hinweisschilder), wenn sie vor Ortsdurchfahrten auf einer einzigen Tafel zusammengefasst sind,
e) Werbeanlagen in durch Bebauungsplan festgesetzten Gewerbe-, Industrie- und vergleichbaren Sondergebieten an der Stätte der Leistung mit einer Höhe bis zu 10 m

sowie, soweit sie in, auf oder an einer bestehenden baulichen Anlage errichtet werden, die damit verbundene Änderung der Nutzung oder der äußeren Gestalt der Anlage,

13. folgende vorübergehend aufgestellte oder benutzbare Anlagen:

a) Baustelleneinrichtungen einschließlich der Lagerhallen, Schutzhallen und Unterkünfte,

b) Gerüste,

c) Toilettenwagen,

d) Behelfsbauten, die der Landesverteidigung, dem Katastrophenschutz, der Unfallhilfe oder die der Abwehr sonstiger außergewöhnlicher Ereignisse zum Schutz der Bevölkerung dienen,

e) bauliche Anlagen, die für höchstens drei Monate auf genehmigten Messe- und Ausstellungsgeländen errichtet werden, ausgenommen Fliegende Bauten,

f) bauliche Anlagen die zu Straßenfesten, Märkten oder ähnlichen Veranstaltungen nur für kurze Zeit aufgestellt werden und die keine Fliegenden Bauten sind,

g) ortsveränderlich nutzbare und fahrbereit aufgestellte Geflügelställe zum Zweck der Freilandhaltung, die einem land- oder forstwirtschaftlichen Betrieb zur Aufstallung von maximal 800 Tieren dienen, sofern die Anlage maximal vier Wochen an einem Standort verbleibt und frühestens nach acht Wochen wieder auf diesen umgesetzt wird,
14. folgende Plätze:

a) unbefestigte Lager- und Abstellplätze, die einem land- oder forstwirtschaftlichen Betrieb im Sinne der §§ 35 Absatz 1 Nummer 1, 201 Baugesetzbuch dienen,

b) Ausstellungsplätze, Abstellplätze und Lagerplätze bis zu 300 m² Fläche, außer in Wohngebieten und im Außenbereich,

c) nicht überdachte Stellplätze für Personenkraftwagen und Motorräder bis zu insgesamt 100 m²,

d) Kinderspielplätze im Sinne des § 8 Absatz 4 Satz 1,

e) Freischankflächen bis zu 40 m2 einschließlich einer damit verbundenen Nutzungsänderung einer Gaststätte, einer Verkaufsstelle des Lebensmittelhandwerks oder eines landwirtschaftlichen Betriebes,

15. folgende sonstige Anlagen:

a) überdachte und nicht überdachte Fahrradabstellplätze bis zu insgesamt 100 m²,

b) Füllanlagen für Kraftfahrzeuge an Tankstellen,

c) Regale mit einer Lagerhöhe (Oberkante Lagergut) von bis zu 7,50 m Höhe,
d) Denkmale, Skulpturen und Brunnenanlagen sowie Grabdenkmale und Grabsteine auf Friedhöfen,

e) andere unbedeutende Anlagen oder unbedeutende Teile von Anlagen wie Hauseingangsüberdachungen, Markisen, Rollläden, Terrassen, Maschinenfundamente, Straßenfahrzeugwaagen, Pergolen, Jägerstände, Wildfütterungen, Bienenfreistände, Taubenhäuser, Hofeinfahrten und Teppichstangen.

Die Bauherrschaft hat sich für Anlagen gemäß Nummer 3 Buchstabe d und Nummer 4 Buchstabe c vor der Benutzung der Anlage von der Unternehmerin oder dem Unternehmer oder von einer oder einem Sachverständigen bescheinigen zu lassen, dass die Anlagen den öffentlich-rechtlichen Vorschriften entsprechen. § 74 Absatz 5 Satz 1 und 2 gelten entsprechend.

(2) Verfahrensfrei ist die Änderung der Nutzung von Anlagen, wenn

1. für die neue Nutzung keine anderen öffentlich-rechtlichen Anforderungen nach den §§ 64, 65 in Verbindung mit § 68 als für die bisherige Nutzung in Betracht kommen,

2. die Errichtung oder Änderung der Anlagen nach Absatz 1 verfahrensfrei wäre.

Verfahrensfrei ist eine zeitlich begrenzte Änderung der Nutzung von Räumen zu Übernachtungszwecken im Rahmen von erzieherischen, kulturellen, künstlerischen, politischen oder sportlichen Veranstaltungen. § 33 ist zu beachten.

(3) Verfahrensfrei ist die Beseitigung von

1. Anlagen nach Absatz 1,

2. freistehenden Gebäuden der Gebäudeklassen 1 und 3 sowie

3. sonstigen Anlagen, die keine Gebäude sind, mit einer Höhe bis zu 10 m.

Die Bauherrschaft kann beantragen, dass für Verfahren nach Satz 1 ein Baugenehmigungsverfahren durchgeführt wird. Im Übrigen ist die beabsichtigte Beseitigung von Anlagen mindestens einen Monat zuvor der Bauaufsichtsbehörde schriftlich durch die Bauherrschaft anzuzeigen. Bei nicht freistehenden Gebäuden muss durch eine berechtigte Person nach § 54 Absatz 4 beurteilt und im erforderlichen Umfang nachgewiesen werden, dass das Gebäude oder die Gebäude, an die das zu beseitigende Gebäude angebaut ist, während und nach der Beseitigung standsicher sind. Die Beseitigung ist, soweit notwendig, durch die qualifizierte Tragwerksplanerin oder den qualifizierten Tragwerksplaner zu überwachen. Die Sätze 3 und 4 gelten nicht, soweit an verfahrensfreie Gebäude angebaut ist. § 74 Absatz 9 gilt entsprechend.

(4) Verfahrensfrei sind Instandhaltungsarbeiten.

§ 63 (Fn16)
Genehmigungsfreistellung

(1) Keiner Baugenehmigung bedarf unter den Voraussetzungen des Absatzes 2 die Errichtung, Änderung oder Nutzungsänderung von

1. Wohngebäuden der Gebäudeklassen 1 bis 3,

2. sonstigen Gebäuden der Gebäudeklassen 1 und 2 und

3. Nebengebäuden und Nebenanlagen für Gebäude nach Nummer 1 und 2.

Satz 1 gilt nicht für Sonderbauten nach § 50 sowie für die Errichtung, Änderung oder Nutzungsänderung

1. eines oder mehrerer Gebäude, wenn dadurch dem Wohnen dienende Nutzungseinheiten mit einer Größe von insgesamt mehr als 5 000 m² Brutto-Grundfläche geschaffen werden, und

2. baulicher Anlagen, die öffentlich zugänglich sind, wenn dadurch die gleichzeitige Nutzung durch mehr als 100 zusätzliche Besucher ermöglicht wird,

sofern die Gebäude und baulichen Anlagen innerhalb des angemessenen Sicherheitsabstands eines Betriebsbereichs im Sinne des § 3 Absatz 5 a und 5 c des Bundes-Immissionsschutzgesetzes in der Fassung der Bekanntmachung vom 17. Mai 2013 (BGBl. I S. 1274), das zuletzt durch Gesetz vom 18. Juli 2017 (BGBl. I S. 2771) geändert worden ist, oder, wenn der angemessene Sicherheitsabstand nicht bekannt ist, innerhalb des Achtungsabstands des Betriebsbereichs liegen. Satz 2 Nummer 1 gilt nicht, wenn dem Gebot, den angemessenen Sicherheitsabstand zu wahren, bereits in einem Bebauungsplan Rechnung getragen worden ist. Satz 1 gilt auch für Änderungen und Nutzungsänderungen von Anlagen, deren Errichtung oder Änderung nach vorgenommener Änderung oder bei geänderter Nutzung nach dieser Vorschrift baugenehmigungsfrei wäre.

(2) Nach Absatz 1 ist ein Bauvorhaben genehmigungsfrei gestellt, wenn

1. es im Geltungsbereich eines Bebauungsplans im Sinne des § 30 Absatz 1 oder der §§ 12, 30 Absatz 2 Baugesetzbuch liegt,

2. es den Festsetzungen des Bebauungsplans und den Regelungen örtlicher Bauvorschriften (§ 89) nicht widerspricht oder sie keiner Ausnahme oder Befreiung nach § 31 des Baugesetzbuchs bedürfen,

3. die Erschließung im Sinne des Baugesetzbuchs gesichert ist,

4. es keiner Abweichung nach § 69 bedarf und

5. die Gemeinde nicht innerhalb der Frist nach Absatz 3 Satz 4 erklärt, dass das vereinfachte Baugenehmigungsverfahren durchgeführt werden soll oder eine vorläufige Untersagung nach § 15 Absatz 1 Satz 2 Baugesetzbuch beantragt.

Die Bauherrschaft kann beantragen, dass für die in Satz 1 genannten Bauvorhaben das vereinfachte Baugenehmigungsverfahren durchgeführt wird.

(3) Die Bauherrschaft hat die erforderlichen Unterlagen bei der Gemeinde einzureichen. Die Gemeinde legt, soweit sie nicht selbst Bauaufsichtsbehörde ist, eine Fertigung der Unterlagen unverzüglich der unteren Bauaufsichtsbehörde vor. Eine Prüfpflicht der Gemeinde und der Bauaufsichtsbehörde besteht nicht. Mit dem Bauvorhaben darf einen Monat nach Vorlage der erforderlichen Unterlagen bei der Gemeinde begonnen werden. Teilt die Gemeinde der Bauherrschaft vor Ablauf der Frist schriftlich mit, dass kein Genehmigungsverfahren durchgeführt werden soll und sie eine Untersagung nach § 15 Absatz 1 Satz 2 Baugesetzbuch nicht beantragen wird, darf die Bauherrschaft mit der Ausführung des Bauvorhabens beginnen; von der Mitteilung nach Halbsatz 1 hat die Gemeinde die Bauaufsichtsbehörde zu unterrichten. Will die Bauherrschaft mit der Ausführung des Bauvorhabens mehr als drei Jahre, nachdem die Bauausführung nach den Sätzen 4 und 5 zulässig geworden ist, beginnen, gelten die Sätze 1 bis 3 entsprechend.

(4) Die Bauherrschaft hat den Angrenzern (§ 72 Absatz 1) vor Baubeginn mitzuteilen, dass ein genehmigungsfreies Bauvorhaben nach Absatz 1 oder Absatz 5 durchgeführt werden soll, zu dem die Gemeinde keine Erklärung nach Absatz 2 Nummer 5 abgegeben hat.

(5) Die Absätze 1 bis 4 gelten auch für Garagen und überdachte Stellplätze sowie für Fahrradabstellplätze über 100 m² bis 1 000 m² Nutzfläche, wenn sie einem Wohngebäude im Sinne des Absatzes 1 dienen.

(6) Die Erklärung der Gemeinde nach Absatz 2 Nummer 5 erste Alternative kann insbesondere deshalb erfolgen, weil sie eine Überprüfung der sonstigen Voraussetzungen des Absatzes 2 oder des Bauvorhabens aus anderen Gründen für erforderlich hält. Darauf, dass die Gemeinde von ihrer Erklärungsmöglichkeit keinen Gebrauch macht, besteht kein Rechtsanspruch. Erklärt die Gemeinde, dass das einfache

Baugenehmigungsverfahren durchgeführt werden soll, hat sie der Bauherrschaft die vorgelegten Unterlagen zurückzureichen. Hat die Bauherrschaft bei der Vorlage der Unterlagen bestimmt, dass ihre Vorlage im Fall der Erklärung nach Absatz 2 Nummer 5 als Bauantrag zu behandeln ist, leitet sie die Unterlagen gleichzeitig mit der Erklärung an die Bauaufsichtsbehörde weiter.

(7) Wird nach Durchführung des Bauvorhabens die Nichtigkeit des Bebauungsplans festgestellt, so bedarf das Bauvorhaben auch keiner Baugenehmigung. Seine Beseitigung darf wegen eines Verstoßes gegen bauplanungsrechtliche Vorschriften, der auf der Nichtigkeit des Bebauungsplans beruht, nicht verlangt werden, es sei denn, dass eine Beeinträchtigung von Rechten Dritter dies erfordert.

(8) Die §§ 67, 68 und 84 Absatz 4 bleiben unberührt. Abweichend von den §§ 68 und 84 Absatz 4 müssen die bautechnischen Nachweise und Bescheinigungen von staatlich anerkannten Sachverständigen spätestens bei Baubeginn der Bauherrschaft vorliegen. § 70 Absatz 2 Satz 1, Absatz 3 Satz 1 und 2, § 74 Absatz 5 Satz 1 und 2, Absatz 8 und 9 sind entsprechend anzuwenden.

Dritter Abschnitt
Genehmigungsverfahren

§ 64 (Fn 17)
Vereinfachtes Baugenehmigungsverfahren

(1) Bei der Errichtung und Änderung von Anlagen, die keine großen Sonderbauten sind, prüft die Bauaufsichtsbehörde

1. die Übereinstimmung mit
a) den Vorschriften über die Zulässigkeit der baulichen Anlagen nach den §§ 29 bis 38 des Baugesetzbuchs,
b) den §§ 4, 6, 8, 9, 10, 47 Absatz 4, 48 und 49,
c) den Regelungen örtlicher Bauvorschriften (§ 89) und

d) den Brandschutzvorschriften im Falle von Sonderbauten, soweit es sich nicht um Garagen mit einer Nutzfläche über 100 m² bis 1 000 m² handelt,
2. beantragte Abweichungen im Sinne des § 69 Absatz 1 und Absatz 2 Satz 3 sowie
3. andere öffentlich-rechtliche Vorschriften, deren Einhaltung nicht in einem anderen Genehmigungs-, Erlaubnis- oder sonstigen Zulassungsverfahren geprüft wird.

Die Anforderungen des baulichen Arbeitsschutzes werden nicht geprüft. Das vereinfachte Baugenehmigungsverfahren wird auch durchgeführt, wenn durch eine Nutzungsänderung eine Anlage entsteht, die kein großer Sonderbau ist. § 68 bleibt unberührt.

(2) Abweichend gilt für Nutzungsänderungen von Anlagen für die Dauer von bis zu zwölf Monaten außerhalb der Außenbereiche, dass die Durchführung einer Nutzungsänderung mindestens einen Monat vor Aufnahme der geänderten Nutzung unter Beifügung der für eine Prüfung erforderlichen Bauvorlagen bei der Gemeinde anzuzeigen ist (Nutzungsänderungsanzeige). Die Nutzungsänderung kann aufgenommen werden, wenn die Gemeinde nicht innerhalb von vier Wochen nach Eingang der vollständigen Nutzungsänderungsanzeige erklärt, dass das vereinfachte Baugenehmigungsverfahren nach Absatz 1 durchgeführt werden soll.

§ 65 (Fn 5)
Baugenehmigungsverfahren

Bei großen Sonderbauten nach § 50 Absatz 2 prüft die Bauaufsichtsbehörde die Übereinstimmung

1. mit den Vorschriften über die Zulässigkeit der baulichen Anlagen nach den §§ 29 bis 38 des Baugesetzbuchs,

2. mit den Anforderungen nach den Vorschriften dieses Gesetzes und aufgrund dieses Gesetzes erlassener Vorschriften und

3. mit anderen öffentlich-rechtlichen Vorschriften, deren Einhaltung nicht in einem anderen Genehmigungs-, Erlaubnis- oder sonstigen Zulassungsverfahren geprüft wird.

Die Anforderungen des baulichen Arbeitsschutzes werden nicht geprüft. § 68 bleibt unberührt.

§ 66 (Fn 17)
Typengenehmigung, referentielle Baugenehmigung

(1) Für bauliche Anlagen, die in derselben Ausführung an mehreren Stellen errichtet werden sollen, wird auf Antrag durch die oberste Bauaufsichtsbehörde eine Typengenehmigung erteilt, wenn die baulichen Anlagen oder Teile von baulichen Anlagen den Anforderungen nach diesem Gesetz oder aufgrund dieses Gesetzes erlassenen Vorschriften entsprechen. Eine Typengenehmigung kann auch für bauliche Anlagen erteilt werden, die in unterschiedlicher Ausführung, aber nach einem bestimmten System und aus bestimmten Bauteilen an mehreren Stellen errichtet werden sollen. In der Typengenehmigung ist die zulässige Veränderbarkeit festzulegen. Für Fliegende Bauten wird eine Typengenehmigung nicht erteilt.

(2) Die Typengenehmigung gilt für fünf Jahre. Die Frist kann auf Antrag jeweils bis zu fünf Jahren verlängert werden. § 75 Absatz 2 Satz 2 gilt entsprechend.

(3) Typengenehmigungen anderer Länder gelten auch im Land Nordrhein-Westfalen.

(4) Eine Typengenehmigung entbindet nicht von der Verpflichtung, ein bauaufsichtliches Verfahren durchzuführen. Die in der Typengenehmigung entschiedenen Fragen sind von der Bauaufsichtsbehörde nicht mehr zu prüfen.

(5) Bauvorhaben im Geltungsbereich desselben Bebauungsplans im Sinne von § 30 Absatz 1 oder § 30 Absatz 2 des Baugesetzbuchs gelten als genehmigt (referentielle Baugenehmigung), wenn

1. im Rahmen eines seriellen Bauvorhabens für ein Gebäude (Referenzgebäude) das vereinfachte Genehmigungsverfahren gemäß § 64 durchgeführt wurde,

2. der Bauaufsichtsbehörde die weiteren, anhand des Referenzgebäudes zu errichtenden Gebäude (Bezugsgebäude) angezeigt wurden und

3. für das Referenzgebäude und die Bezugsgebäude gemäß § 68 bautechnische Nachweise sowie gemäß § 70 die Bauvorlagen spätestens mit Anzeige des Baubeginns bei der Bauaufsichtsbehörde zusammen mit den in Bezug genommenen bautechnischen Nachweisen die dafür erforderlichen Bescheinigungen einer oder eines staatlich anerkannten Sachverständigen vorgelegt werden.

(6) Die referentielle Baugenehmigung gilt für das Referenzgebäude und die Bezugsgebäude, soweit diese die Voraussetzungen nach Absatz 5 erfüllen. § 64 und §§ 67 bis 75 gelten entsprechend.

§ 67 (Fn 27)
Bauvorlageberechtigung

(1) Bauvorlagen für die Errichtung und Änderung von Gebäuden müssen von einer Entwurfsverfasserin oder einem Entwurfsverfasser unterschrieben sein, der bauvorlageberechtigt ist (§ 70 Absatz 3 Satz 1). § 54 Absatz 1 bleibt unberührt.

(2) Absatz 1 gilt nicht für Bauvorlagen für

1. Garagen und überdachte Stellplätze bis zu 100 m² Nutzfläche sowie überdachte Fahrradabstellplätze,

2. Behelfsbauten und untergeordnete Gebäude nach § 51,

3. eingeschossige Wintergärten mit einer Grundfläche von bis zu 25 m²,

4. eingeschossige Gebäude mit einer Grundfläche von bis zu 250 m², in denen sich keine Aufenthaltsräume, Ställe, Aborte oder Feuerstätten befinden,

5. Dachgauben,

6. Terrassenüberdachungen,

7. Balkone und Altane, die bis zu 1,60 m vor die Außenwand vortreten und

8. Aufzugschächte, die an den Außenwänden von Wohngebäuden der Gebäudeklassen 1 und 2 errichtet werden.

(3) Bauvorlageberechtigt ist, wer

1.die Berufsbezeichnung „Architektin“ oder „Architekt“ führen darf,

2. als Mitglied einer Ingenieurkammer in die von der Ingenieurkammer-Bau Nordrhein-Westfalen geführte Liste der Bauvorlageberechtigten eingetragen ist; Eintragungen anderer Länder gelten auch im Land Nordrhein-Westfalen, soweit diese die Mitgliedschaft in einer Ingenieurkammer nachweisen können,

3. aufgrund des Baukammerngesetzes vom 16. Dezember 2003 (GV. NRW. S. 786), das zuletzt durch Gesetz vom 9. Dezember 2014 (GV. NRW. S. 876) geändert worden ist, die Berufsbezeichnung „Innenarchitektin“ oder „Innenarchitekt“ führen darf, durch eine ergänzende Hochschulprüfung ihre oder seine Befähigung nachgewiesen hat, Gebäude gestaltend zu planen, und mindestens zwei Jahre in der Planung und Überwachung der Ausführung von Gebäuden praktisch tätig war,
4. aufgrund des Baukammerngesetzes die Berufsbezeichnung „Innenarchitektin“ oder „Innenarchitekt“ führen darf, für die mit der Berufsaufgabe der Innenarchitektinnen und Innenarchitekten verbundene bauliche Änderung von Gebäuden,

5. aufgrund des Ingenieurgesetzes vom 5. Mai 1970 (GV. NRW. S. 312) in der jeweils geltenden Fassung als Angehörige oder Angehöriger der Fachrichtung Architektur (Studiengang Innenarchitektur) die Berufsbezeichnung „Ingenieurin“ oder „Ingenieur“ führen darf, während eines Zeitraums von zwei Jahren vor dem 1. Januar 1990 wiederholt Bauvorlagen für die Errichtung oder Änderung von Gebäuden als Entwurfsverfasserin oder Entwurfsverfasser durch Unterschrift anerkannt hat und Mitglied der Architektenkammer Nordrhein-Westfalen oder der Ingenieurkammer-Bau Nordrhein-Westfalen ist oder

6. die Befähigung zum bautechnischen Verwaltungsdienst der Laufbahngruppe 2 besitzt, für ihre oder seine dienstliche Tätigkeit.

(4) In die Liste der Bauvorlageberechtigten ist auf Antrag von der Ingenieurkammer-Bau Nordrhein-Westfalen einzutragen, wer

1. einen berufsqualifizierenden Hochschulabschluss eines Studiums der Fachrichtung Bauingenieurwesen nachweist,

2. danach mindestens zwei Jahre in der Planung und Überwachung der Ausführung von Gebäuden praktisch tätig war und

3. über ausreichende Kenntnisse der deutschen Sprache verfügt, die bei Bedarf in geeigneter Weise nachzuweisen sind.

Dem Antrag sind die zur Beurteilung erforderlichen Unterlagen beizufügen. Die Ingenieurkammer-Bau Nordrhein-Westfalen stellt eine Empfangsbestätigung nach § 71b Absatz 3 und 4 des Verwaltungsverfahrensgesetzes für das Land Nordrhein-Westfalen aus. Hat die Anerkennungsbehörde nicht innerhalb einer Frist von drei Monaten entschieden, gilt die Anerkennung als erteilt. Es gilt § 42a des Verwaltungsverfahrensgesetzes für das Land Nordrhein-Westfalen mit der Maßgabe, dass die Fristverlängerung zwei Monate nicht übersteigen darf.

(5) Personen, die in einem anderen Mitgliedstaat der Europäischen Union oder einem nach dem Recht der Europäischen Gemeinschaften gleichgestellten Staat als Bauvorlageberechtigte niedergelassen sind,

sind ohne Eintragung in die Liste nach Absatz 3 Nummer 2 und ohne Nachweis einer Kammermitgliedschaft bauvorlageberechtigt, wenn sie

1. eine vergleichbare Berechtigung besitzen und
2. dafür dem Absatz 4 Satz 1 vergleichbare Anforderungen erfüllen mussten.

Sie haben das erstmalige Tätigwerden als Bauvorlageberechtigte vorher der Ingenieurkammer-Bau Nordrhein-Westfalen anzuzeigen und dabei

1. eine Bescheinigung darüber, dass sie in einem Mitgliedstaat der Europäischen Union oder einem nach dem Recht der Europäischen Gemeinschaften gleichgestellten Staat rechtmäßig als Bauvorlageberechtigte niedergelassen sind und ihnen die Ausübung dieser Tätigkeiten zum Zeitpunkt der Vorlage der Bescheinigung nicht, auch nicht vorübergehend, untersagt ist und
2. einen Nachweis darüber, dass sie im Staat ihrer Niederlassung für die Tätigkeit als Bauvorlageberechtigte mindestens die Voraussetzungen des Absatzes 4 Satz 1 Nummer 1 und 2 erfüllen mussten,

vorzulegen. Sie sind in einem Verzeichnis zu führen. Die Ingenieurkammer-Bau Nordrhein-Westfalen hat auf Antrag zu bestätigen, dass die Anzeige nach Satz 2 erfolgt ist. Sie kann das Tätigwerden als bauvorlageberechtigte Person untersagen und die Eintragung in dem Verzeichnis nach Satz 3 löschen, wenn die Voraussetzungen des Satzes 1 nicht erfüllt sind.

(6) Personen, die in einem anderen Mitgliedstaat der Europäischen Union oder einem nach dem Recht der Europäischen Gemeinschaften gleichgestellten Staat als Bauvorlageberechtigte niedergelassen sind, ohne im Sinne des Absatzes 5 Satz 1 Nummer 2 vergleichbar zu sein, sind bauvorlageberechtigt, wenn ihnen die Ingenieurkammer-Bau Nordrhein-Westfalen bescheinigt hat, dass sie die Anforderungen des Absatzes 4 Satz 1 erfüllen. Sie sind in einem Verzeichnis zu führen. Die Bescheinigung wird auf Antrag erteilt. Absatz 4 Satz 2 bis 5 ist entsprechend anzuwenden.

(7) Anzeigen und Bescheinigungen nach den Absätzen 5 und 6 sind nicht erforderlich, wenn bereits in einem anderen Land eine Anzeige erfolgt ist oder eine Bescheinigung erteilt wurde. Eine weitere Eintragung in die von der Ingenieurkammer-Bau Nordrhein-Westfalen geführten Verzeichnisse erfolgt nicht. Verfahren nach den Absätzen 4 bis 6 können über eine einheitliche Stelle nach den Vorschriften des Verwaltungsverfahrensgesetzes für das Land Nordrhein-Westfalen abgewickelt werden.

(8) Juristische Personen des öffentlichen Rechts und Unternehmen dürfen Bauvorlagen als Entwurfsverfasser unterschreiben, wenn sie diese unter der Leitung einer bauvorlageberechtigten Person, die der juristischen Person oder dem Unternehmen angehören muss, aufstellen. Die bauvorlageberechtigte Person hat die Bauvorlagen durch Unterschrift anzuerkennen.

§ 68 (Fn 18)
Bautechnische Nachweise

(1) Die Einhaltung der Anforderungen an die Standsicherheit, den Brand-, Wärme- und Schallschutz ist zu belegen. Dies gilt nicht für verfahrensfreie Bauvorhaben, einschließlich der Beseitigung von Anlagen, soweit nicht in diesem Gesetz oder in der Rechtsverordnung aufgrund § 87 Absatz 3 anderes bestimmt ist.

(2) Spätestens mit der Anzeige des Baubeginns sind bei der Bauaufsichtsbehörde zusammen mit den in Bezug genommenen bautechnischen Nachweisen einzureichen

1. Bescheinigungen einer oder eines staatlich anerkannten Sachverständigen nach § 87 Absatz 2 Satz 1 Nummer 4, dass Nachweise über den Schallschutz und den Wärmeschutz aufgestellt oder geprüft wurden,

2. Bescheinigungen eines oder einer staatlich anerkannten Sachverständigen nach § 87 Absatz 2 Satz 1 Nummer 4 über die Prüfung des Standsicherheitsnachweises und

3. die Bescheinigung einer oder eines staatlich anerkannten Sachverständigen nach § 87 Absatz 2 Satz 1 Nummer 4, dass das Vorhaben den Anforderungen an den Brandschutz entspricht.

Gleichzeitig sind der Bauaufsichtsbehörde schriftliche Erklärungen staatlich anerkannter Sachverständiger vorzulegen, wonach sie zur stichprobenhaften Kontrolle der Bauausführung beauftragt wurden.

(3) Abweichend von Absatz 2 Satz 1 Nummer 1 und 2 müssen die bautechnischen Nachweise für

1. Wohngebäude der Gebäudeklassen 1 und 2 einschließlich ihrer Nebengebäude und Nebenanlagen,

2. freistehende landwirtschaftliche Betriebsgebäude, auch mit Wohnteil, bis zu zwei Geschossen über der Geländeoberfläche, ausgenommen solche mit Anlagen für Jauche und Flüssigmist und
3. eingeschossige Gebäude mit einer Grundfläche bis 200 m²

nicht von staatlich anerkannten Sachverständigen nach § 87 Absatz 2 Satz 1 Nummer 4 aufgestellt oder geprüft werden. In dem Fall des Absatzes 2 Satz 1 Nummer 2 bescheinigt eine berechtigte Person nach § 54 Absatz 4 die Übereinstimmung der Bauausführung mit den Anforderungen des Standsicherheitsnachweises anhand von stichprobenhaften Kontrollen der Baustelle.

(4) Absatz 2 Satz 1 Nummer 3 gilt nicht für

a) Gebäude der Gebäudeklassen 1und 2 einschließlich ihrer Nebengebäude und Nebenanlagen,

b) Wohngebäude der Gebäudeklasse 3 und

c) Sonderbauten mit Ausnahme von Garagen mit einer Nutzfläche über 100 m² bis 1 000 m².

Für Vorhaben nach Satz 1 Buchstabe a und b ist eine Erklärung der Entwurfsverfassenden, dass das Vorhaben den Anforderungen an den Brandschutz entspricht, ausreichend.

(5) Soll bei der Errichtung geschlossener Garagen mit einer Nutzfläche über 100 m² bis 1 000 m² eine natürliche Lüftung vorgesehen werden, so muss zuvor von einer oder einem staatlich anerkannten Sachverständigen die Unbedenklichkeit bescheinigt worden sein. Die Bescheinigung ist aufgrund durchgeführter Messungen innerhalb eines Monats nach Inbetriebnahme der Garage von der oder dem Sachverständigen zu bestätigen.

(6) Bei Sonderbauten wird die Übereinstimmung des Vorhabens mit den Brandschutzvorschriften durch die Bauaufsichtsbehörde geprüft; dies gilt nicht für Garagen mit einer Nutzfläche über 100 m² bis 1 000 m2. § 69 bleibt unberührt. Die Bauherrschaft kann in den übrigen Fällen eine Prüfung der bautechnischen Nachweise durch die Bauaufsicht beantragen. Dies gilt auch für die Anforderungen an den Brandschutz, soweit hierüber Bescheinigungen nach Absatz 2 vorzulegen sind. Werden bautechnische Nachweise für den Brandschutz durch eine oder einen staatlich anerkannten Sachverständigen bescheinigt, werden die entsprechenden Anforderungen auch in den Fällen des § 69 nicht geprüft. Einer Prüfung bautechnischer Nachweise, die von einem Prüfamt für Baustatik allgemein geprüft sind (Typenprüfung), bedarf es nicht. Typenprüfungen anderer Länder gelten auch im Land Nordrhein-Westfalen.

(4) Einer Prüfung bautechnischer Nachweise, die von einem Prüfamt für Baustatik allgemein geprüft sind (Typenprüfung), bedarf es nicht. Typenprüfungen anderer Länder gelten auch im Land Nordrhein-Westfalen.

§ 69 (Fn 19)
Abweichungen

(1) Die Bauaufsichtsbehörde kann Abweichungen von Anforderungen dieses Gesetzes und aufgrund dieses Gesetzes erlassener Vorschriften zulassen, wenn sie unter Berücksichtigung des Zwecks der jeweiligen Anforderung und unter Würdigung der öffentlich-rechtlich geschützten nachbarlichen Belange mit den öffentlichen Belangen, insbesondere den Anforderungen des § 3, vereinbar ist. Abweichungen von den § 4 bis § 16 und § 26 bis § 47 sowie § 49 dieses Gesetzes oder aufgrund dieses Gesetzes erlassener Vorschriften sind bei bestehenden Anlagen zuzulassen,

1. zur Modernisierung von Wohnungen und Wohngebäuden, der Teilung von Wohnungen oder der Schaffung von zusätzlichem Wohnraum durch Ausbau, Anbau, Nutzungsänderung oder Aufstockung, deren Baugenehmigung oder die Kenntnisgabe für die Errichtung des Gebäudes mindestens fünf Jahre zurückliegt,
2. zur Verwirklichung von Vorhaben zur Einsparung von Wasser oder Energie oder
3. zur Erhaltung und weiteren Nutzung von Denkmälern.

Ferner kann von § 4 bis § 16 und § 26 bis § 47 dieses Gesetzes oder aufgrund dieses Gesetzes erlassener Vorschriften abgewichen werden,

1. wenn Gründe des allgemeinen Wohls die Abweichung erfordern,
2. bei Nutzungsänderungen oder
3. wenn die Einhaltung der Vorschrift im Einzelfall zu einer offenbar nicht beabsichtigten Härte führen würde.

Im Falle von Satz 3 Nummer 2 kann auch von § 49 Absatz 1 abgewichen werden.

Gründe des allgemeinen Wohls liegen insbesondere bei Vorhaben zur Deckung dringenden Wohnbedarfs, bei Vorhaben zur Berücksichtigung der Belange des Klimaschutzes und der Klimaanpassung oder aus Gründen der Stadtentwicklung vor.

Bei den Vorhaben nach Satz 2 und 3 folgt die Atypik bereits aus dem festgestellten Sonderinteresse.
(1a) § 58 Absatz 5 und § 88 Absatz 1 Satz 3 bleiben unberührt. Der Zulassung einer Abweichung bedarf es nicht, wenn eine staatlich anerkannte Sachverständige oder ein staatlich anerkannter Sachverständiger für die Prüfung des Brandschutzes bescheinigt hat, dass das Vorhaben den Anforderungen an den Brandschutz entspricht und in den Fällen des Absatzes 2 Satz 3 das Vorliegen der Voraussetzungen für Abweichungen durch sie oder ihn bescheinigt wird.

(2) Die Zulassung von Abweichungen nach Absatz 1 Satz 1 und 2, von Ausnahmen und Befreiungen von den Festsetzungen eines Bebauungsplans oder einer sonstigen städtebaulichen Satzung oder von Regelungen der Baunutzungsverordnung ist schriftlich zu beantragen. Der Antrag ist zu begründen. Für Anlagen, die keiner Genehmigung bedürfen, sowie für Abweichungen von Vorschriften, die im Genehmigungsverfahren nicht geprüft werden, gelten die Sätze 1 und 2 entsprechend.

(3) Über Abweichungen nach Absatz 1 Satz 1 und 2 von örtlichen Bauvorschriften sowie über Ausnahmen und Befreiungen nach Absatz 2 Satz 1 entscheidet bei verfahrensfreien Bauvorhaben die Gemeinde nach Maßgabe der Absätze 1 und 2. Im Übrigen lässt die Bauaufsichtsbehörde Abweichungen von örtlichen Bauvorschriften im Einvernehmen mit der Gemeinde zu. § 36 Absatz 2 Satz 2 Baugesetzbuch gilt entsprechend. Die Gemeinde bzw. die Bauaufsichtsbehörde hat über den Abweichungsantrag innerhalb einer Frist von sechs Wochen nach Eingang des vollständigen Antrags bei ihr zu entscheiden. Sie kann die Frist aus wichtigen Gründen bis zu sechs Wochen verlängern.

§ 70 (Fn 20)
Bauantrag, Bauvorlagen

(1) Der Bauantrag ist schriftlich bei der unteren Bauaufsichtsbehörde einzureichen, soweit nicht in diesem Gesetz oder in der Rechtsverordnung aufgrund § 87 Absatz 2 Satz 1 Nummer 7 anderes bestimmt ist.

(2) Mit dem Bauantrag sind alle für die Beurteilung des Bauvorhabens und die Bearbeitung des Bauantrags erforderlichen Unterlagen (Bauvorlagen) einzureichen. § 68 bleibt unberührt. Mit den Bauvorlagen für große Sonderbauten (§ 50 Absatz 2) ist ein Brandschutzkonzept einzureichen. Es kann gestattet werden, dass einzelne Bauvorlagen nachgereicht werden.

(3) Die Bauherrin oder der Bauherr und die Entwurfsverfasserin oder der Entwurfsverfasser haben den Bauantrag, die Entwurfsverfasserin oder der Entwurfsverfasser die Bauvorlagen zu unterschreiben. Die von den Fachplanerinnen oder Fachplanern nach § 54 Absatz 2 bearbeiteten Unterlagen müssen auch von diesen unterschrieben sein. Für Bauvorhaben auf fremden Grundstücken kann die Zustimmung der Grundstückseigentümerin oder des Grundstückseigentümers zu dem Bauvorhaben gefordert werden.

§ 71 (Fn 21)
Behandlung des Bauantrags

(1) Die Bauaufsichtsbehörde hat innerhalb von zehn Arbeitstagen nach Eingang den Bauantrag und die Bauvorlagen auf Vollständigkeit zu prüfen. Ist der Bauantrag unvollständig oder weist er sonstige erhebliche Mängel auf, fordert die Bauaufsichtsbehörde unverzüglich unter Nennung der Gründe die Bauherrschaft zur Behebung der Mängel innerhalb einer angemessenen Frist auf. Werden die Mängel innerhalb der Frist nicht behoben, gilt der Antrag als zurückgenommen. Unmittelbar nach Abschluss der Prüfung nach Satz 1 hat die Bauaufsichtsbehörde den Bauantrag und die dazugehörenden Bauvorlagen mit Ausnahme der bautechnischen Nachweise der Gemeinde zuzuleiten.

(2) Sobald der Bauantrag und die Bauvorlagen vollständig sind, hat die Bauaufsichtsbehörde unverzüglich

1. der Bauherrschaft ihren Eingang und den nach Absatz 5 ermittelten Zeitpunkt der Entscheidung, jeweils mit Datumsangabe, in Textform nach § 126b des Bürgerlichen Gesetzbuches mitzuteilen sowie
2. die Gemeinde und die berührten Stellen nach Absatz 3 zu hören.

Satz 1 Nummer 1 gilt nicht, wenn in der Bauaufsichtsbehörde ein Verfahren zur elektronischen Abwicklung der nach diesem Gesetz durch die Bauaufsichtsbehörden durchzuführenden Verfahren zum Einsatz kommt und die Bauherrschaft den Stand des Verfahrens selbständig nachvollziehen kann.

(3) Soweit es für die Feststellung notwendig ist, ob dem Vorhaben von der Bauaufsichtsbehörde zu prüfende öffentlich-rechtliche Vorschriften im Sinne des § 74 Absatz 1 entgegenstehen, sollen die Stellen gehört werden, deren Aufgabenbereich berührt wird. Ist die Beteiligung einer Stelle nur erforderlich, um das Vorliegen von fachtechnischen Voraussetzungen in öffentlich-rechtlichen Vorschriften zu prüfen, kann die Bauaufsichtsbehörde mit Einverständnis der Bauherrschaft und auf deren Kosten dies durch geeignete Sachverständige prüfen lassen. Sie kann von der Bauherrschaft die Bestätigung einer oder eines geeigneten Sachverständigen verlangen, dass die fachtechnischen Voraussetzungen vorliegen.

(4) Die Bauaufsichtsbehörde setzt unter den Voraussetzungen des Absatzes 3 eine angemessene Frist; sie darf höchstens zwei Monate betragen. Bedarf die Erteilung der Baugenehmigung nach landesrechtlichen Vorschriften der Zustimmung, des Einvernehmens oder des Benehmens einer anderen Körperschaft, Behörde oder Dienststelle, so gelten diese als erteilt, wenn sie nicht innerhalb von zwei Monaten nach Eingang des Ersuchens unter Angabe der Gründe verweigert wird. Äußern sich die berührten Stellen nicht fristgemäß, kann die Bauaufsichtsbehörde davon ausgehen, dass Bedenken nicht bestehen.

(5) Entscheidungen und Stellungnahmen nach Absatz 4 sollen gleichzeitig eingeholt werden. Eine gemeinsame Besprechung der nach Absatz 2 zu beteiligenden Stellen (Antragskonferenz) ist einzurufen, wenn dies der beschleunigten Abwicklung des Baugenehmigungsverfahrens dienlich ist. Förmlicher Erklärungen der Zustimmung, des Einvernehmens oder Benehmens nach Absatz 2 Satz 1 bedarf es nicht, wenn die Behörden oder Dienststellen derselben Körperschaft wie die Bauaufsichtsbehörde angehören.

(6) Die Bauaufsichtsbehörde hat über den Bauantrag innerhalb von drei Monaten, im vereinfachten Baugenehmigungsverfahren und in dem Fall des § 77 innerhalb von sechs Wochen zu entscheiden. Die Frist nach Satz 1 beginnt, sobald die Bauvorlagen vollständig und alle für die Entscheidung notwendigen Stellungnahmen und Mitwirkungen vorliegen, spätestens jedoch nach Ablauf der Frist nach Absatz 4 und nach § 36 Absatz 2 Satz 2 des Baugesetzbuches sowie nach § 12 Absatz 2 Satz 2 und 3 des Luftverkehrsgesetzes in der Fassung der Bekanntmachung vom 10. Mai 2007 (BGBl. I S. 698), das zuletzt durch Artikel 1 des Gesetzes vom 10. Juli 2020 (BGBl. I S. 1655) geändert worden ist. Die Fristen nach Absatz 4 dürfen nur ausnahmsweise bis zu einem Monat verlängert werden, im vereinfachten Baugenehmigungsverfahren jedoch nur, wenn das Einvernehmen der Gemeinde nach § 36 Absatz 1 Satz 1 und 2 des Baugesetzbuches erforderlich ist.

(7) Die Beachtung der technischen Regeln ist, soweit sie nach § 3 Absatz 2 eingeführt sind, zu prüfen.

§ 72 (Fn 5)
Beteiligung der Angrenzer und der Öffentlichkeit

(1) Die Bauaufsichtsbehörde soll die Eigentümer angrenzender Grundstücke (Angrenzer) vor Erteilung von Abweichungen und Befreiungen benachrichtigen, wenn zu erwarten ist, dass öffentlich-rechtlich geschützte nachbarliche Belange berührt werden. Einwendungen sind innerhalb von zwei Wochen nach Zugang der Benachrichtigung bei der Bauaufsichtsbehörde schriftlich oder zur Niederschrift vorzubringen. Die Vorschriften des Verwaltungsverfahrensgesetzes für das Land Nordrhein-Westfalen sind insoweit nicht anzuwenden.

(2) Die Benachrichtigung entfällt, wenn die zu benachrichtigenden Angrenzer die Lagepläne und Bauzeichnungen unterschrieben oder dem Bauvorhaben auf andere Weise zugestimmt haben. Haben die Angrenzer dem Bauvorhaben nicht zugestimmt, ist ihnen die Baugenehmigung zuzustellen.

(3) Bei baulichen Anlagen, die aufgrund ihrer Beschaffenheit oder ihres Betriebs geeignet sind, die Allgemeinheit oder die Nachbarschaft zu gefährden, zu benachteiligen oder zu belästigen, kann die Bauaufsichtsbehörde auf Antrag des Bauherrn das Bauvorhaben in ihrem amtlichen Veröffentlichungsblatt und außerdem entweder im Internet oder in örtlichen Tageszeitungen, die im Bereich des Standorts der Anlage verbreitet sind, öffentlich bekannt machen. Bei der Errichtung, Änderung oder Nutzungsänderung

1. eines oder mehrerer Gebäude, wenn dadurch dem Wohnen dienende Nutzungseinheiten mit einer Größe von insgesamt mehr als 5 000 m² Brutto-Grundfläche geschaffen werden,

2. baulicher Anlagen, die öffentlich zugänglich sind, wenn dadurch die gleichzeitige Nutzung durch mehr als 100 zusätzliche Besucher ermöglicht wird, und

3. baulicher Anlagen, die nach Durchführung des Bauvorhabens Sonderbauten nach § 47 Absatz 5 und § 50 Absatz 2 Nummer 8, 10, 11, 13 oder 14 sind,

ist das Bauvorhaben nach Satz 1 bekannt zu machen, wenn es innerhalb des angemessenen Sicherheitsabstands eines Betriebsbereichs im Sinne des § 3 Absatz 5 a und 5 c Bundes-Immissionsschutzgesetz liegt. Ist der angemessene Sicherheitsabstand nicht bekannt, ist maßgeblich, ob sich das Vorhaben innerhalb des Achtungsabstands des Betriebsbereichs befindet. Satz 2 gilt nicht, wenn die Bauaufsichtsbehörde zu dem Ergebnis kommt, dass dem Gebot, den angemessenen Sicherheitsabstand zu wahren, bereits in einem Bebauungsplan Rechnung getragen ist. Verfährt die Bauaufsichtsbehörde nach Satz 1 oder 2, finden die Absätze 1 und 2 keine Anwendung.

(4) In der Bekanntmachung nach Absatz 3 Satz 1 und 2 ist über Folgendes zu informieren:

1. über den Gegenstand des Vorhabens,

2. über die für die Genehmigung zuständige Behörde, bei der der Antrag nebst Unterlagen zur Einsicht ausgelegt wird sowie wo und wann Einsicht genommen werden kann,

3. darüber, dass Personen, deren Belange berührt sind, und Vereinigungen, welche die Anforderungen von § 3 Absatz 1 oder § 2 Absatz 2 des Umwelt-Rechtsbehelfsgesetzes in der Fassung der Bekanntmachung vom 23. August 2017 (BGBl. I S. 3290) erfüllen (betroffene Öffentlichkeit), Einwendungen bei einer in der Bekanntmachung bezeichneten Stelle bis zu zwei Wochen nach Ablauf der Auslegungsfrist erheben können, dabei ist darauf hinzuweisen, dass mit Ablauf der Frist alle öffentlich-rechtlichen Einwendungen ausgeschlossen sind und der Ausschluss von umweltbezogenen Einwendungen nur für das Genehmigungsverfahren gilt,

4. dass die Zustellung der Entscheidung über die Einwendungen durch öffentliche Bekanntmachung ersetzt werden kann.

Bei der Bekanntmachung nach Absatz 3 Satz 2 ist zusätzlich über Folgendes zu informieren:

1. gegebenenfalls die Feststellung einer Pflicht zur Durchführung einer Umweltverträglichkeitsprüfung für das Vorhaben nach § 5 des Gesetzes über die Umweltverträglichkeitsprüfung sowie erforderlichenfalls die Durchführung einer grenzüberschreitenden Beteiligung nach den §§ 54 und 56 des Gesetzes über die Umweltverträglichkeitsprüfung,

2. die Art möglicher Entscheidungen oder, soweit vorhanden, den Entscheidungsentwurf,

3. gegebenenfalls weitere Einzelheiten des Verfahrens zur Unterrichtung der Öffentlichkeit und Anhörung der betroffenen Öffentlichkeit.

(5) Nach der Bekanntmachung sind der Antrag und die Bauvorlagen sowie die entscheidungserheblichen Berichte und Empfehlungen, die der Bauaufsichtsbehörde im Zeitpunkt der Bekanntmachung vorliegen, einen Monat zur Einsicht auszulegen. Bauvorlagen, die Geschäfts-

oder Betriebsgeheimnisse enthalten, sind nicht auszulegen, für sie gilt § 10 Absatz 2 Bundes-Immissionsschutzgesetz entsprechend. Bis zwei Wochen nach Ablauf der Auslegungsfrist kann die Öffentlichkeit gegenüber der zuständigen Behörde schriftlich Einwendungen erheben, mit Ablauf dieser Frist sind alle öffentlich-rechtlichen Einwendungen ausgeschlossen. Satz 3 gilt für umweltbezogene Einwendungen nur für das Genehmigungsverfahren.

(6) Bei mehr als 20 Angrenzern, denen die Baugenehmigung nach Absatz 2 Satz 2 zuzustellen ist, kann die Zustellung durch öffentliche Bekanntmachung ersetzt werden. Wurde eine Öffentlichkeitsbeteiligung nach den Absätzen 3 und 4 durchgeführt, ist der Genehmigungsbescheid öffentlich bekannt zu machen. Die öffentliche Bekanntmachung wird dadurch bewirkt, dass der verfügende Teil des Bescheids und die Rechtsbehelfsbelehrung in entsprechender Anwendung des Absatzes 3 Satz 1 bekannt gemacht werden, auf Auflagen ist hinzuweisen. Eine Ausfertigung des gesamten Genehmigungsbescheids ist vom Tage nach der Bekanntmachung an zwei Wochen zur Einsicht auszulegen. Ist eine Öffentlichkeitsbeteiligung nach Absatz 3 Satz 2 erfolgt, sind in die Begründung die wesentlichen tatsächlichen und rechtlichen Gründe, die die Behörde zu ihrer Entscheidung bewogen haben, die Behandlung der Einwendungen sowie Angaben über das Verfahren zur Beteiligung der Öffentlichkeit aufzunehmen.§ 74 Absatz 2 bleibt unberührt. In der öffentlichen Bekanntmachung ist anzugeben, wo und wann der Bescheid eingesehen und nach Satz 8 angefordert werden können. Mit dem Ende der Auslegungsfrist gilt der Bescheid auch Dritten gegenüber, die keine Einwendungen erhoben haben, als zugestellt; darauf ist in der Bekanntmachung hinzuweisen. Nach der öffentlichen Bekanntmachung können der Bescheid und seine Begründung bis zum Ablauf der Klagefrist von den Personen, die Einwendungen erhoben haben, schriftlich angefordert werden.

(7) Bei der Errichtung, Änderung oder Nutzungsänderung einer im Eigentum der öffentlichen Hand stehenden Anlage nach § 49 Absatz 2 ist von Seiten der zuständigen Bauaufsichtsbehörde der oder dem zuständigen Behindertenbeauftragten oder der örtlichen Interessenvertretung

der Menschen mit Behinderungen Gelegenheit zur Stellungnahme zu Aspekten der Barrierefreiheit zu geben.

§ 73 (Fn 5)
Ersetzen des gemeindlichen Einvernehmens

(1) Hat eine Gemeinde ihr nach 14 Absatz 2 Satz 2, § 22 Absatz 5 Satz 1, § 36 Absatz 1 Satz 1 und 2 des Baugesetzbuches oder nach § 69 Absatz 3 Satz 2 erforderliches Einvernehmen rechtswidrig versagt, so hat die zuständige Bauaufsichtsbehörde das fehlende Einvernehmen nach Maßgabe der Absätze 2 bis 4 zu ersetzen. Wird in einem anderen Genehmigungsverfahren über die Zulässigkeit des Vorhabens entschieden, tritt die für dieses Verfahren zuständige Behörde an die Stelle der Bauaufsichtsbehörde.

(2) § 122 der Gemeindeordnung für das Land Nordrhein-Westfalen in der Fassung der Bekanntmachung vom 14. Juli 1994 (GV. NRW. S. 666), die zuletzt durch Artikel 15 des Gesetzes vom 23. Januar 2018 (GV. NRW. S. 90) geändert worden ist, findet keine Anwendung.
(3) Die Genehmigung gilt zugleich als Ersatzvornahme im Sinne des § 123 der Gemeindeordnung für das Land Nordrhein-Westfalen. Sie ist zu begründen. Eine Anfechtungsklage hat auch insoweit keine aufschiebende Wirkung, als die Genehmigung als Ersatzvornahme gilt. Die Baugenehmigung kann, soweit sie als Ersatzvornahme gilt, nicht gesondert nach § 126 der Gemeindeordnung für das Land Nordrhein-Westfalen angefochten werden.

(4) Die Gemeinde ist vor Erlass der Genehmigung anzuhören. Dabei ist ihr Gelegenheit zu geben, binnen angemessener Frist erneut über das gemeindliche Einvernehmen zu entscheiden.

§ 74 (Fn 5)
Baugenehmigung, Baubeginn

(1) Die Baugenehmigung ist zu erteilen, wenn dem Vorhaben keine öffentlich-rechtlichen Vorschriften entgegenstehen.

(2) Die Baugenehmigung bedarf der Schriftform. Sie ist nur insoweit zu begründen, als Abweichungen oder Befreiungen von nachbarschützenden Vorschriften zugelassen werden und die Angrenzerin oder der Angrenzer nicht nach § 72 Absatz 2 zugestimmt hat. Eine Ausfertigung der mit einem Genehmigungsvermerk versehenen Bauvorlagen ist der Antragstellerin oder dem Antragsteller mit der Baugenehmigung zuzustellen.

(3) Die Baugenehmigung kann unter Auflagen, Bedingungen und dem Vorbehalt der nachträglichen Aufnahme, Änderung oder Ergänzung einer Auflage sowie befristet erteilt werden. Sie lässt aufgrund anderer Vorschriften bestehende Verpflichtungen zum Einholen von Genehmigungen, Bewilligungen, Erlaubnissen und Zustimmungen oder zum Erstatten von Anzeigen unberührt.

(4) Die Baugenehmigung wird unbeschadet der Rechte Dritter erteilt.

(5) Die Bauherrin oder der Bauherr und die späteren Eigentümerinnen und Eigentümer haben die Baugenehmigung einschließlich der Bauvorlagen sowie bautechnische Nachweise und Bescheinigungen von Sachverständigen aufzubewahren. Diese Unterlagen sind an etwaige Rechtsnachfolger weiterzugeben. Die Bauaufsichtsbehörde hat die Bauvorlagen einer baulichen Anlage so lange aufzubewahren, wie diese besteht. Bei Archivierung in elektronischer Form muss gewährleistet sein, dass die Unterlagen nicht nachträglich verändert werden können.

(6) Die Gemeinde ist, wenn sie nicht Bauaufsichtsbehörde ist, von der Erteilung, Verlängerung, Ablehnung, Rücknahme und dem Widerruf einer Baugenehmigung, Teilbaugenehmigung, eines Vorbescheids, einer Zustimmung, einer Abweichung, einer Ausnahme oder einer Befreiung zu unterrichten. Eine Ausfertigung des Bescheids ist beizufügen.

(7) Vor Zugang der Baugenehmigung darf mit der Bauausführung nicht begonnen werden.

(8) Vor Baubeginn muss die Grundrissfläche und die Höhenlage der genehmigten baulichen Anlage abgesteckt sein. Eine Kopie der Baugenehmigungen und Bauvorlagen muss an der Baustelle von Baubeginn an vorliegen; diese können auch durch eine elektronische Form ersetzt werden.

(9) Die Bauherrin oder der Bauherr hat den Ausführungsbeginn genehmigungsbedürftiger Vorhaben nach § 60 Absatz 1 und die Wiederaufnahme der Bauarbeiten nach einer Unterbrechung von mehr als drei Monaten mindestens eine Woche vorher der Bauaufsichtsbehörde schriftlich mitzuteilen (Baubeginnsanzeige). Die Bauaufsichtsbehörde unterrichtet die untere Immissionsschutzbehörde sowie die untere Naturschutzbehörde, soweit sie im Baugenehmigungsverfahren beteiligt wurden.

§ 75
Geltungsdauer der Baugenehmigung

(1) Die Baugenehmigung und die Teilbaugenehmigung erlöschen, wenn innerhalb von drei Jahren nach ihrer Erteilung mit der Ausführung des Bauvorhabens nicht begonnen oder die Bauausführung länger als ein Jahr unterbrochen worden ist.

(2) Die Frist nach Absatz 1 kann auf schriftlichen Antrag jeweils bis zu einem Jahr verlängert werden. Sie kann auch rückwirkend verlängert werden, wenn der Antrag vor Fristablauf bei der Bauaufsichtsbehörde eingegangen ist.

§ 76
Teilbaugenehmigung

(1) Ist ein Bauantrag eingereicht, so kann der Beginn der Bauarbeiten für die Baugrube und für einzelne Bauteile oder Bauabschnitte auf schriftlichen Antrag schon vor Erteilung der Baugenehmigung schriftlich gestattet werden (Teilbaugenehmigung). § 74 gilt entsprechend.

(2) In der Baugenehmigung können für die bereits begonnenen Teile des Bauvorhabens zusätzliche Anforderungen gestellt werden, wenn

sich bei der weiteren Prüfung der Bauvorlagen ergibt, dass die zusätzlichen Anforderungen wegen der öffentlichen Sicherheit oder Ordnung erforderlich sind.

§ 77
Vorbescheid

(1) Vor Einreichung des Bauantrags ist auf Antrag der Bauherrin oder des Bauherrn zu einzelnen Fragen des Bauvorhabens ein Vorbescheid zu erteilen. Der Vorbescheid gilt drei Jahre. Die Frist kann auf schriftlichen Antrag jeweils bis zu einem Jahr verlängert werden. §§ 58 Absatz 3, 69 bis 72, 74 Absatz 1 und 2 sowie 75 Absatz 2 gelten entsprechend.

(2) Betreffen die Fragen nach Absatz 1 die Errichtung oder Änderung eines Gebäudes, müssen die dem Antrag auf Vorbescheid beizufügenden Bauvorlagen von einer Entwurfsverfasserin oder einem Entwurfsverfasser, die oder der bauvorlageberechtigt ist, unterschrieben sein. § 67 gilt entsprechend. Dies gilt nicht für einen Antrag auf Vorbescheid, mit dem nur über die Vereinbarkeit mit den planungsrechtlichen Vorschriften über die Art der baulichen Nutzung, die Bauweise und die überbaubare Grundstücksfläche entschieden werden soll.

§ 78 (Fn 22)
Genehmigung Fliegender Bauten

(1) Fliegende Bauten sind bauliche Anlagen, die geeignet und bestimmt sind, an verschiedenen Orten wiederholt aufgestellt und zerlegt zu werden. Baustelleneinrichtungen und Baugerüste sind keine Fliegenden Bauten.

(2) Fliegende Bauten bedürfen, bevor sie erstmals aufgestellt und in Gebrauch genommen werden, einer Ausführungsgenehmigung. Diese Fliegenden Bauten sind Sonderbauten. § 54 Absatz 4 ist insofern nicht anzuwenden. Die Sätze 1 und 2 gelten nicht für

1. Fliegende Bauten mit einer Höhe bis zu 5 m, die nicht dazu bestimmt sind, von Besuchern betreten zu werden,

2. Fliegende Bauten mit einer Höhe bis zu 5 m, die für Kinder betrieben werden und eine Geschwindigkeit von höchstens 1 m/s haben,

3. Bühnen, die Fliegende Bauten sind, einschließlich Überdachungen und sonstigen Aufbauten mit einer Höhe bis zu 5 m, einer Grundfläche bis zu 100 m² und einer Fußbodenhöhe bis zu 1,50 m,

4. erdgeschossige Zelte und betretbare Verkaufsstände, die Fliegende Bauten sind, jeweils mit einer Grundfläche bis zu 75 m² und

5. aufblasbare Spielgeräte mit einer Höhe des betretbaren Bereichs von bis zu 5 m oder mit überdachten Bereichen, bei denen die Entfernung zum Ausgang nicht mehr als 3 m, sofern ein Absinken der Überdachung konstruktiv verhindert wird, nicht mehr als 10 m beträgt.

(3) Die Ausführungsgenehmigung wird von der unteren Bauaufsichtsbehörde erteilt, in deren Bereich die Antragstellerin oder der Antragsteller ihre oder seine Hauptwohnung oder ihre oder seine gewerbliche Niederlassung hat. Hat die Antragstellerin oder der Antragsteller ihre oder seine Hauptwohnung oder ihre oder seine gewerbliche Niederlassung außerhalb der Bundesrepublik Deutschland, so ist die Bauaufsichtsbehörde zuständig, in deren Bereich der Fliegende Bau erstmals aufgestellt und in Gebrauch genommen werden soll.

(4) Die oberste Bauaufsichtsbehörde kann bestimmen, dass Ausführungsgenehmigungen für Fliegende Bauten nur durch bestimmte Bauaufsichtsbehörden erstellt werden dürfen.

(5) Die Ausführungsgenehmigung wird für eine bestimmte Frist erteilt, die höchstens fünf Jahre betragen soll, sie kann auf schriftlichen Antrag von der für die Erteilung der Ausführungsgenehmigung zuständigen Behörde jeweils bis zu fünf Jahren verlängert werden. § 75 Absatz 2 Satz 2 gilt entsprechend. Die Genehmigungen werden in ein Prüfbuch eingetragen, dem eine Ausfertigung der mit einem Genehmi-

gungsvermerk zu versehenden Bauvorlagen beizufügen ist. Ausführungsgenehmigungen anderer Länder gelten auch im Land Nordrhein-Westfalen.

(6) Die Inhaberin oder der Inhaber der Ausführungsgenehmigung hat den Wechsel ihres oder seines Wohnsitzes oder ihrer oder seiner gewerblichen Niederlassung oder die Übertragung eines Fliegenden Baus an Dritte der Bauaufsichtsbehörde anzuzeigen, die die Ausführungsgenehmigung erteilt hat. Die Behörde hat die Änderungen in das Prüfbuch einzutragen und sie, wenn mit den Änderungen ein Wechsel der Zuständigkeit verbunden ist, der nunmehr zuständigen Behörde mitzuteilen.

(7) Fliegende Bauten, die nach Absatz 2 Satz 1 einer Ausführungsgenehmigung bedürfen, dürfen unbeschadet anderer Vorschriften nur in Gebrauch genommen werden, wenn ihre Aufstellung der Bauaufsichtsbehörde des Aufstellungsortes unter Vorlage des Prüfbuches angezeigt ist. Die Bauaufsichtsbehörde kann die Inbetriebnahme dieser Fliegenden Bauten von einer Gebrauchsabnahme abhängig machen, technisch schwierige Fliegende Bauten sowie Zelte und Tribünen, die in wechselnden Größen aufgestellt werden können, sind immer einer Gebrauchsabnahme zu unterziehen. Das Ergebnis der Abnahme ist in das Prüfbuch einzutragen. In der Ausführungsgenehmigung kann bestimmt werden, dass Anzeigen nach Satz 1 nicht erforderlich sind, wenn eine Gefährdung im Sinne des § 3 Absatz 1 Satz 1 nicht zu erwarten ist.

(8) Die für die Erteilung der Gebrauchsabnahme zuständige Bauaufsichtsbehörde kann Auflagen machen oder die Aufstellung oder den Gebrauch Fliegender Bauten untersagen, soweit dies nach den örtlichen Verhältnissen oder zur Abwehr von Gefahren erforderlich ist, insbesondere, weil die Betriebssicherheit oder Standsicherheit nicht oder nicht mehr gewährleistet ist oder weil von der Ausführungsgenehmigung abgewichen wird. Wird die Aufstellung oder der Gebrauch untersagt, ist dies in das Prüfbuch einzutragen. Die ausstellende Behörde ist

zu benachrichtigen, das Prüfbuch ist einzuziehen und der ausstellenden Behörde zuzuleiten, wenn die Herstellung ordnungsgemäßer Zustände innerhalb angemessener Frist nicht zu erwarten ist.
(9) Bei Fliegenden Bauten, die von Besucherinnen und Besuchern betreten und längere Zeit an einem Aufstellungsort betrieben werden, kann die für die Gebrauchsabnahme zuständige Bauaufsichtsbehörde aus Gründen der Sicherheit Nachabnahmen durchführen. Das Ergebnis der Nachabnahme ist in das Prüfbuch einzutragen.
(10) § 70 Absatz 1, Absatz 2 Satz 1 und 4 und Absatz 3 sowie § 83 Absatz 1 und 5 gelten entsprechend.

§ 79 (Fn 23)
Bauaufsichtliche Zustimmung

(1) Nicht verfahrensfreie Bauvorhaben bedürfen keiner Genehmigung, Genehmigungsfreistellung, Bauüberwachung und Bauzustandsbesichtigung, wenn

1. die Leitung der Entwurfsarbeiten und die Bauüberwachung einer Baudienststelle des Bundes, eines Landes oder eines Landschaftsverbandes übertragen ist und

2. die Baudienststelle mindestens mit einer Person, die einen Hochschulabschluss der Fachrichtungen Architektur oder Bauingenieurwesen und die insbesondere die erforderlichen Kenntnisse des öffentlichen Baurechts, der Bautechnik und der Baugestaltung hat, und mit sonstigen geeigneten Fachkräften ausreichend besetzt ist.

Solche Anlagen bedürfen der Zustimmung der oberen Bauaufsichtsbehörde. Die Zustimmung ist nicht erforderlich, wenn die Gemeinde nicht widerspricht und, soweit ihre öffentlich-rechtlich geschützten Belange von Abweichungen, Ausnahmen und Befreiungen berührt sein können, die Angrenzer dem Bauvorhaben zustimmen.

Keiner Genehmigung, Genehmigungsfreistellung oder Zustimmung bedürfen unter den Voraussetzungen des Satzes 1 Baumaßnahmen in oder an bestehenden Gebäuden, soweit sie nicht zu einer Erweiterung des Bauvolumens oder zu einer nicht verfahrensfreien Nutzungsänderung führen.

Satz 3 gilt nicht für bauliche Anlagen, für die nach § 72 Absatz 3 eine Öffentlichkeitsbeteiligung durchzuführen ist.

(2) Der Antrag auf Zustimmung ist bei der oberen Bauaufsichtsbehörde einzureichen.

(3) Die obere Bauaufsichtsbehörde prüft die Übereinstimmung in Anwendung des einfachen Baugenehmigungsverfahrens nach § 64. Sie führt bei zustimmungspflichtigen Anlagen nach Absatz 1 Satz 2 eine Öffentlichkeitsbeteiligung nach § 72 Absätze 3 bis 5 durch. Die obere Bauaufsichtsbehörde entscheidet über Ausnahmen, Befreiungen und Abweichungen von den nach Satz 1 zu prüfenden sowie von anderen Vorschriften, soweit sie nachbarschützend sind und die Angrenzerin oder der Angrenzer nicht zugestimmt haben. Im Übrigen bedarf die Zulässigkeit von Ausnahmen, Befreiungen und Abweichungen keiner bauaufsichtlichen Entscheidung.

(4) Die Gemeinde ist vor Erteilung der Zustimmung zu hören. § 36 Absatz 2 Satz 2 Halbsatz 1 BauGB gilt entsprechend. Im Übrigen sind die Vorschriften über das Baugenehmigungsverfahren entsprechend anzuwenden.

(5) Die Baudienststelle trägt die Verantwortung dafür, dass die Errichtung, die Änderung, die Nutzungsänderung und die Beseitigung baulicher Anlagen den öffentlich-rechtlichen Vorschriften entsprechen. Die Baudienststelle ist verpflichtet, dem Eigentümer Unterlagen und Pläne in Zusammenhang mit der Errichtung, Änderung und Nutzungsänderung von Anlagen sowie bautechnische Nachweise und Bescheinigungen von Sachverständigen zur Verfügung zu stellen. Im Übrigen gilt § 74 Absatz 5 Satz 1 und 2 entsprechend. Die Verantwortung des Unternehmens (§ 55) bleibt unberührt.

(6) Anlagen, die der Landesverteidigung, dienstlichen Zwecken der Bundespolizei oder dem zivilen Bevölkerungsschutz dienen, sind abweichend von den Absätzen 1 bis 4 der oberen Bauaufsichtsbehörde vor Baubeginn in geeigneter Weise zur Kenntnis zu bringen. Absatz 1 Satz 3 gilt entsprechend. Im Übrigen wirken die Bauaufsichtsbehörden nicht mit. § 78 Absatz 2 bis 10 findet auf Fliegende Bauten, die der Landesverteidigung, dienstlichen Zwecken der Bundespolizei oder dem zivilen Bevölkerungsschutz dienen, keine Anwendung.

Vierter Abschnitt
Bauaufsichtliche Maßnahmen

§ 80
Verbot unrechtmäßig gekennzeichneter Bauprodukte

Sind Bauprodukte entgegen § 24 mit dem Ü-Zeichen gekennzeichnet, so kann die Bauaufsichtsbehörde die Verwendung dieser Bauprodukte untersagen und deren Kennzeichnung entwerten oder beseitigen lassen.

§ 81
Einstellung von Arbeiten

(1) Werden Anlagen im Widerspruch zu öffentlich-rechtlichen Vorschriften errichtet, geändert oder beseitigt, kann die Bauaufsichtsbehörde die Einstellung der Arbeiten anordnen.

Dies gilt auch dann, wenn

1. die Ausführung eines Vorhabens entgegen den Vorschriften des § 74 Absatz 7 und 9 begonnen wurde, oder

2. bei der Ausführung

a) eines genehmigungsbedürftigen Bauvorhabens von den genehmigten Bauvorlagen,

b) eines genehmigungsfreigestellten Bauvorhabens von den eingereichten Unterlagen

abgewichen wird, oder

3. Bauprodukte verwendet werden, die entgegen der Verordnung (EU) Nr. 305/2011 keine CE-Kennzeichnung oder entgegen § 24 kein Ü-Zeichen tragen, oder

4. Bauprodukte verwendet werden, die unberechtigt mit der CE-Kennzeichnung oder dem Ü-Zeichen (§ 24 Absatz 4) gekennzeichnet sind.

(2) Werden unzulässige Arbeiten trotz einer schriftlich oder mündlich verfügten Einstellung fortgesetzt, kann die Bauaufsichtsbehörde die Baustelle versiegeln oder die an der Baustelle vorhandenen Bauprodukte, Geräte, Maschinen und Bauhilfsmittel in amtlichen Gewahrsam bringen.

§ 82 (Fn 24)
Beseitigung von Anlagen, Nutzungsuntersagung

(1) Werden Anlagen im Widerspruch zu öffentlich-rechtlichen Vorschriften errichtet oder geändert, kann die Bauaufsichtsbehörde die teilweise oder vollständige Beseitigung der Anlagen anordnen, wenn nicht auf andere Weise rechtmäßige Zustände hergestellt werden können. Werden Anlagen im Widerspruch zu öffentlich-rechtlichen Vorschriften genutzt, kann diese Nutzung untersagt werden.

(2) Soweit bauliche Anlagen nicht genutzt werden und im Verfall begriffen sind, kann die Bauaufsichtsbehörde die Grundstückseigentümerin oder den Grundstückeigentümer und Erbbauberechtigte verpflichten, die Anlage abzubrechen oder zu beseitigen. Die Bestimmungen des Denkmalschutzgesetzes bleiben unberührt.

Fünfter Abschnitt
Bauüberwachung

§ 83 (Fn 5)
Bauüberwachung

(1) Die Bauaufsichtsbehörde kann die Einhaltung der öffentlich-rechtlichen Vorschriften und Anforderungen und die ordnungsgemäße Erfüllung der Pflichten der am Bau Beteiligten überprüfen (Bauüberwachung).

(2) Die Bauüberwachung ist beschränkt auf den Umfang der im Baugenehmigungsverfahren zu prüfenden Bauvorlagen und kann stichprobenhaft durchgeführt werden. Bei Vorhaben, die im einfachen Baugenehmigungsverfahren (§ 64) genehmigt werden, kann die Bauaufsichtsbehörde auf die Bauüberwachung verzichten.

(3) Der Bauaufsichtsbehörde ist die Einhaltung der Grundrissflächen und Höhenlagen der Anlagen nachzuweisen. Wenn es die besonderen Grundstücksverhältnisse erfordern, kann sie die Vorlage eines amtlichen Nachweises verlangen.

(4) Die Bauaufsichtsbehörde und die von ihr Beauftragten können Proben von Bauprodukten und, soweit erforderlich, auch aus fertigen Bauteilen entnehmen und prüfen lassen.

(5) Im Rahmen der Bauüberwachung ist den mit der Überwachung beauftragten Personen jederzeit Einblick in die Genehmigungen, Zulassungen, Prüfzeugnisse, Übereinstimmungszertifikate, Zeugnisse und Aufzeichnungen über die Prüfungen von Bauprodukten, in die CE-Kennzeichnungen und Leistungserklärungen nach der Verordnung (EU) Nr. 305/2011, in die Bautagebücher und andere vorgeschriebene Aufzeichnungen zu gewähren.

(6) Die Bauaufsichtsbehörde soll, soweit sie oder er im Rahmen der Bauüberwachung Erkenntnisse über systematische Rechtsverstöße

gegen die Verordnung (EU) Nr. 305/2011 erlangen, diese der für die Marktüberwachung zuständigen Stelle mitteilen.

§ 84
Bauzustandsbesichtigung, Aufnahme der Nutzung

(1) Die Bauzustandsbesichtigung zur Fertigstellung des Rohbaus und der abschließenden Fertigstellung genehmigter Anlagen (§ 60) wird von der Bauaufsichtsbehörde durchgeführt. § 83 Absatz 2 gilt entsprechend.

(2) Die Fertigstellung des Rohbaus und die abschließende Fertigstellung genehmigter Anlagen sind der Bauaufsichtsbehörde von der Bauleiterin oder dem Bauleiter jeweils eine Woche vorher anzuzeigen, um der Bauaufsichtsbehörde eine Besichtigung des Bauzustandes zu ermöglichen. Ist eine Bauleiterin oder ein Bauleiter der Bauaufsichtsbehörde nicht benannt worden, trifft die Pflicht die Bauherrin oder den Bauherrn. Die Bauaufsichtsbehörde kann verlangen, dass ihr oder von ihr Beauftragten Beginn und Beendigung bestimmter Bauarbeiten von der Bauherrin oder dem Bauherrn oder der Bauleiterin oder dem Bauleiter angezeigt werden.

(3) Der Rohbau ist fertiggestellt, wenn die tragenden Teile, Schornsteine, Brandwände und die Dachkonstruktion vollendet sind. Zur Besichtigung des Rohbaus sind die Bauteile, die für die Standsicherheit und, soweit möglich, die Bauteile, die für den Brand- und Schallschutz wesentlich sind, derart offen zu halten, dass Maße und Ausführungsart geprüft werden können. Die abschließende Fertigstellung umfasst die Fertigstellung auch der Wasserversorgungsanlagen und Abwasseranlagen.

(4) Mit der Anzeige der abschließenden Fertigstellung von Bauvorhaben, für die der Bauaufsichtsbehörde Bescheinigungen von staatlich anerkannten Sachverständigen gemäß § 68 vorliegen, sind von den Sachverständigen Bescheinigungen einzureichen, wonach sie sich durch stichprobenhafte Kontrollen während der Bauausführung davon

überzeugt haben, dass die Anlagen entsprechend den erstellten Nachweisen errichtet oder geändert worden sind. Bauzustandsbesichtigungen finden insoweit nicht statt.

(5) Die Bauherrin oder der Bauherr hat für die Besichtigung und die damit verbundenen möglichen Prüfungen die erforderlichen Arbeitskräfte und Geräte bereitzustellen. Über das Ergebnis der Besichtigung ist auf Verlangen der Bauherrin oder des Bauherrn eine Bescheinigung auszustellen.

(6) Mit der Fortsetzung der Bauarbeiten darf erst einen Tag nach dem in der Anzeige nach Absatz 2 genannten Zeitpunkt der Fertigstellung des Rohbaus begonnen werden, soweit die Bauaufsichtsbehörde nicht einem früheren Beginn zugestimmt hat.

(7) Die Bauaufsichtsbehörde kann verlangen, dass bei Bauausführungen die Arbeiten erst fortgesetzt oder die Anlagen erst benutzt werden, wenn sie von ihr oder einer oder einem beauftragten Sachverständigen geprüft worden sind.

(8) Anlagen im Sinne des Absatzes 1 dürfen erst benutzt werden, wenn sie ordnungsgemäß fertig gestellt und sicher benutzbar sind, frühestens jedoch eine Woche nach dem in der Anzeige nach Absatz 2 genannten Zeitpunkt der Fertigstellung. Eine Anlage darf erst benutzt werden, wenn darüber hinaus Zufahrtswege, Wasser- sowie Löschwasserversorgungs- und Abwasserentsorgungs- sowie Gemeinschaftsanlagen in dem erforderlichen Umfang sicher benutzbar sind, nicht jedoch vor dem in Satz 1 bezeichneten Zeitpunkt. Die Bauaufsichtsbehörde soll auf Antrag gestatten, dass die Anlage ganz oder teilweise schon früher benutzt wird, wenn wegen der öffentlichen Sicherheit oder Ordnung Bedenken nicht bestehen.

Sechster Abschnitt
Baulasten

§ 85
Baulasten, Baulastenverzeichnis

(1) Durch Erklärung gegenüber der Bauaufsichtsbehörde kann die Grundstückseigentümerin oder der Grundstückseigentümer öffentlich-rechtliche Verpflichtungen zu einem ihr oder sein Grundstück betreffenden Tun, Dulden oder Unterlassen übernehmen, die sich nicht schon aus öffentlich-rechtlichen Vorschriften ergeben (Baulast). Besteht an dem Grundstück ein Erbbaurecht, so ist auch die Erklärung der oder des Erbbauberechtigten erforderlich. Baulasten werden unbeschadet der Rechte Dritter mit der Eintragung in das Baulastenverzeichnis wirksam und wirken auch gegenüber Rechtsnachfolgern.

(2) Die Erklärung nach Absatz 1 bedarf der Schriftform. Die Unterschrift muss öffentlich, von einer Gemeinde oder von einer gemäß § 2 Absatz 1 und 2 des Vermessungs- und Katastergesetzes vom 1. März 2005 (GV. NRW. S. 174), das zuletzt durch Artikel 2 des Gesetzes vom 1. April 2014 (GV. NRW. S. 256) geändert worden ist, zuständigen Stelle beglaubigt oder vor der Bauaufsichtsbehörde geleistet oder vor ihr anerkannt werden.

(3) Die Baulast geht durch schriftlichen Verzicht der Bauaufsichtsbehörde unter. Der Verzicht ist zu erklären, wenn ein öffentliches Interesse an der Baulast nicht mehr besteht. Vor dem Verzicht sollen der Verpflichtete und die durch die Baulast Begünstigten angehört werden. Der Verzicht wird mit der Löschung der Baulast im Baulastenverzeichnis wirksam.

(4) Das Baulastenverzeichnis wird von der Bauaufsichtsbehörde geführt. In das Baulastenverzeichnis können auch eingetragen werden

1. andere baurechtliche Verpflichtungen des Grundstückseigentümers zu einem sein Grundstück betreffendes Tun, Dulden oder Unterlassen, sowie

2. Auflagen, Bedingungen, Befristungen und Widerrufsvorbehalte.

(5) Wer ein berechtigtes Interesse darlegt, kann in das Baulastenverzeichnis Einsicht nehmen oder sich Abschriften erteilen lassen. Bei Öffentlich bestellten Vermessungsingenieurinnen und -ingenieuren ist ein berechtigtes Interesse grundsätzlich anzunehmen.

Sechster Teil
Ordnungswidrigkeiten, Rechtsvorschriften, Übergangs- und Schlussvorschriften

§ 86 (Fn 25)
Ordnungswidrigkeiten

(1) Ordnungswidrig handelt, wer vorsätzlich oder fahrlässig

1. entgegen § 5 Absatz 2 Zu- und Durchfahrten sowie befahrbare Flächen nicht ständig freihält oder Fahrzeuge auf ihnen abstellt,

2. entgegen § 11 Absatz 1 eine Baustelle nicht ordnungsgemäß einrichtet oder entgegen § 11 Absatz 3 ein Baustellenschild nicht oder nicht ordnungsgemäß anbringt,

3. Bauarten entgegen § 17 ohne Bauartgenehmigung oder ohne allgemeines bauaufsichtliches Prüfzeugnis anwendet,

4. Bauprodukte mit dem Ü-Zeichen kennzeichnet, ohne dass dafür die Voraussetzungen nach § 24 Absatz 2 vorliegen,

5. Bauprodukte entgegen § 24 Absatz 4 ohne das Ü-Zeichen verwendet,

6. entgegen § 53 Absatz 1 Satz 1 keine geeigneten Beteiligten bestellt,

7. entgegen § 53 Absatz 1 Satz 5 vor Beginn der Bauarbeiten die Namen der Bauleiterin oder des Bauleiters und der Fachbauleiterinnen oder Fachbauleiter oder während der Bauausführung einen Wechsel dieser Personen oder entgegen § 53 Absatz 1 Satz 6 einen Wechsel in

der Person der Bauherrin oder des Bauherrn nicht oder nicht rechtzeitig mitteilt,

8. entgegen § 53 Absatz 2 Satz 2 die nicht verfahrensfreie Beseitigung von Anlagen in Selbst- oder Nachbarschaftshilfe ausführt,

9. entgegen § 55 Absatz 1 Satz 2 und 3 die erforderlichen Nachweise und Unterlagen nicht bereithält,

10. entgegen § 62 Absatz 1 Satz 2 eine Anlage benutzt, ohne eine Bescheinigung der Unternehmerin oder des Unternehmers oder Sachverständigen vorliegen zu haben,

11. entgegen § 62 Absatz 3 Satz 2 eine Beseitigung nicht oder nicht rechtzeitig anzeigt oder entgegen den Voraussetzungen des § 62 Absatz 3 eine Anlage beseitigt,

12. entgegen § 63 Absatz 3 Satz 4 und 5, auch in Verbindung mit Satz 6, mit der Ausführung eines Bauvorhabens beginnt,

13. entgegen § 66 Absatz 5 Nummer 2 die Bezugsgebäude nicht anzeigt oder entgegen § 66 Absatz 5 Nummer 3 die dort genannten Nachweise nicht einreicht,

14. entgegen § 68 Absatz 1, § 83 Absatz 3 oder § 84 Absatz 4 Satz 1 die dort genannten Nachweise oder Bescheinigungen nicht einreicht,

15. eine Anlage ohne Baugenehmigung nach § 74 oder Teilbaugenehmigung nach § 76 oder abweichend davon errichtet, ändert, nutzt, beseitigt oder ihre Nutzung ändert,

16. entgegen § 74 Absatz 8 Satz 2 eine Kopie der Baugenehmigungen und Bauvorlagen an der Baustelle nicht vorliegen hat,

17. entgegen § 74 Absatz 9 den Ausführungsbeginn genehmigungsbedürftiger Vorhaben nicht oder nicht rechtzeitig mitteilt,

18. Fliegende Bauten ohne Ausführungsgenehmigung nach § 78 Absatz 2 in Gebrauch nimmt oder ohne Gebrauchsabnahme nach § 78 Absatz 7 Satz 2 und 3 in Gebrauch nimmt,

19. die nach § 84 Absatz 2 vorgeschriebenen oder verlangten Anzeigen nicht oder nicht rechtzeitig erstattet,

20. entgegen § 84 Absatz 6 oder 7 mit der Fortsetzung der Bauarbeiten beginnt,

21. entgegen § 84 Absatz 8 Anlagen vorzeitig benutzt,

22. einer aufgrund dieses Gesetzes ergangenen Rechtsverordnung oder örtlichen Bauvorschrift zuwiderhandelt, sofern die Rechtsverordnung oder die örtliche Bauvorschrift für einen bestimmten Tatbestand auf diese Bußgeldvorschrift verweist oder

23. einer vollziehbaren schriftlichen Anordnung der Bauaufsichtsbehörde zuwiderhandelt, die aufgrund dieses Gesetzes oder aufgrund einer nach diesem Gesetz ergangenen Rechtsverordnung oder Satzung erlassen worden ist, sofern die Anordnung auf die Bußgeldvorschrift verweist.

Ist eine Ordnungswidrigkeit nach Satz 1 Nummern 3 bis 5 begangen worden, können Gegenstände, auf die sich die Ordnungswidrigkeit bezieht, eingezogen werden, § 23 des Gesetzes über Ordnungswidrigkeiten in der Fassung der Bekanntmachung vom 19. Februar 1987 (BGBl. I S. 602), das zuletzt durch Artikel 185 der Verordnung vom 19. Juni 2020 (BGBl. I S. 1328) geändert worden ist, ist anzuwenden.

(2) Ordnungswidrig handelt auch, wer wider besseres Wissen

1. unrichtige Angaben macht oder unrichtige Pläne oder Unterlagen vorlegt, um einen nach diesem Gesetz vorgesehenen Verwaltungsakt zu erwirken oder zu verhindern, .
2. ohne dazu berechtigt zu sein, Bescheinigungen, Erklärungen oder bautechnische Nachweise einer oder eines staatlich anerkannten

Sachverständigen oder einer Prüfingenieurin oder eines Prüfingenieurs oder Standsicherheitsnachweise oder Bescheinigungen einer berechtigten Person nach § 54 Absatz 4 ausstellt oder bei Bauaufsichtsbehörden einreicht,

3. ohne dazu berechtigt zu sein, Bauanträge, Anzeigen oder Bauvorlagen, die nach § 67 Absatz 1 Satz 1 nur von bauvorlageberechtigten Entwurfsverfassenden unterschrieben werden dürfen, durch Unterschrift anerkennt oder bei Bauaufsichten einreicht, oder

4. als staatlich anerkannte Sachverständige oder als staatlich anerkannter Sachverständiger oder als Prüfingenieurin oder als Prüfingenieur unbefugt Bescheinigungen über die Einhaltung bauordnungsrechtlicher Anforderungen oder als berechtigte Person nach § 54 Absatz 4 unbefugt Standsicherheitsnachweise, Bescheinigungen oder Erklärungen über stichprobenhafte Kontrollen der Baustelle ausstellt oder bei Bauaufsichtsbehörden einreicht.

(3) Die Ordnungswidrigkeit kann mit einer Geldbuße bis zu fünfhunderttausend Euro geahndet werden.

(4) Verwaltungsbehörde im Sinne des § 36 Absatz 1 Nummer 1 des Gesetzes über Ordnungswidrigkeiten ist in den Fällen des

a) Absatzes 1 Nummer 1 hinsichtlich des Abstellens von Fahrzeugen die örtliche Ordnungsbehörde,
b) in den Fällen des Absatzes 2 Nummer 4 die jeweils zuständige Baukammer,
c) in den Fällen des Absatzes 2 Nummer 2 und 3 die Ingenieurkammer-Bau Nordrhein-Westfalen und
d) im Übrigen die untere Bauaufsichtsbehörde.

Sofern eine Ordnungswidrigkeit gegenüber einem Mitglied der Architektenkammer Nordrhein-Westfalen oder der Ingenieurkammer-Bau Nordrhein-Westfalen geahndet wird, hat die untere Bauaufsichtsbehörde unverzüglich die jeweilige Baukammer hierüber nachrichtlich in Kenntnis zu setzen.

§ 87 (Fn 3)
Rechtsverordnungen

(1) Zur Verwirklichung der in § 3 Absatz 1 Satz 1 und 2, § 17 Absatz 1 und § 18 Absatz 1 bezeichneten Anforderungen wird die oberste Bauaufsichtsbehörde ermächtigt, durch Rechtsverordnung Vorschriften zu erlassen über

1. die nähere Bestimmung allgemeiner Anforderungen in den §§ 4 bis 47,

2. den Nachweis der Befähigung der in § 17 Absatz 6 und § 18 Absatz 3 genannten Personen, dabei können Mindestanforderungen an die Ausbildung, die durch Prüfung nachzuweisende Befähigung und die Ausbildungsstätten einschließlich der Anerkennungsvoraussetzungen gestellt werden,

3. die Überwachung von Tätigkeiten bei Bauarten nach § 17 Absatz 7 und mit einzelnen Bauprodukten nach § 18 Absatz 4, dabei können für die Überwachungsstellen über die in § 25 festgelegten Mindestanforderungen hinaus weitere Anforderungen im Hinblick auf die besonderen Eigenschaften und die besondere Verwendung der Bauprodukte gestellt werden,

4. die nähere Bestimmung allgemeiner Anforderungen in §§ 39 bis 41, insbesondere über Lüftungs- und Leitungsanlagen sowie über deren Betrieb und über deren Aufstellräume,

5. die nähere Bestimmung allgemeiner Anforderungen in § 42, insbesondere über Feuerungsanlagen und Anlagen zur Verteilung von Wärme oder zur Warmwasserversorgung sowie über deren Betrieb, über Brennstoffleitungsanlagen, über Aufstellräume für Feuerstätten, Verbrennungsmotoren und Verdichter sowie über die Lagerung von Brennstoffen,

6. Anforderungen an Garagen (§ 48),

7. Zahl, Größe und Beschaffenheit der Stellplätze und Fahrradabstellplätze einschließlich deren Zubehörnutzungen (§ 48 Absatz 1), die unter Berücksichtigung der Sicherheit und Leichtigkeit des Verkehrs, der Bedürfnisse des ruhenden Verkehrs, der städtebaulichen Situation und der Erschließung durch Einrichtungen des öffentlichen Personennahverkehrs für Anlagen erforderlich sind, bei denen ein Zu- und Abgangsverkehr mit Kraftfahrzeugen und Fahrrädern oder fahrradähnlichen Leichtkrafträdern zu erwarten ist (notwendige Stellplätze, notwendige Fahrradabstellplätze), einschließlich des Mehrbedarfs bei Änderungen und Nutzungsänderungen der Anlagen, sowie die Ablösung der Herstellungspflicht und die Höhe der Ablösungsbeträge, die nach Art der Nutzung und Lage der Anlage unterschiedlich geregelt werden kann,

8. die Gestaltung der Stellplätze für Kraftfahrzeuge, sowie über die Notwendigkeit, Art, Gestaltung und Höhe von Abgrenzungen oder Einfriedungen, hierzu können auch Anforderungen an die Bepflanzung gestellt oder die Verwendung von Pflanzen, insbesondere Hecken, als Einfriedung verlangt werden,

9. besondere Anforderungen oder Erleichterungen, die sich aus der besonderen Art oder Nutzung der Anlagen und Räume für Errichtung, Änderung, Instandhaltung, Betrieb und Benutzung ergeben (§§ 49 Absatz 2 und 50), sowie über die Anwendung solcher Anforderungen auf bestehende bauliche Anlagen dieser Art,

10. wiederkehrende Prüfung von Anlagen, die zur Verhütung erheblicher Gefahren ständig ordnungsgemäß instandgehalten werden müssen, und die Erstreckung dieser Nachprüfungspflicht auf bestehende Anlagen,

11. die Vergütung der Sachverständigen, denen nach diesem Gesetz oder nach Vorschriften aufgrund dieses Gesetzes Aufgaben übertragen werden, die Vergütung ist nach den Grundsätzen des Gebührengesetzes für das Land Nordrhein-Westfalen in der Fassung der Bekanntma-

chung vom 23. August 1999 (GV. NRW. S. 524), das zuletzt durch Gesetz vom 8. Dezember 2015 (GV. NRW. S. 836) geändert worden ist, festzusetzen und
12. die Anwesenheit fachkundiger Personen beim Betrieb technisch schwieriger baulicher Anlagen und Einrichtungen wie Bühnenbetriebe und technisch schwierige Fliegende Bauten einschließlich des Nachweises der Befähigung dieser Personen.

(2) Die oberste Bauaufsichtsbehörde wird ermächtigt, durch Rechtsverordnung Vorschriften zu erlassen über

1. weitere und weitergehende Ausnahmen von der Genehmigungspflicht,

2. den vollständigen oder teilweisen Wegfall der bautechnischen Prüfung bei bestimmten Arten von Bauvorhaben,

3. die Übertragung von Prüfaufgaben der Bauaufsichtsbehörde im Rahmen des bauaufsichtlichen Verfahrens einschließlich der Bauüberwachung und Bauzustandsbesichtigung auf Sachverständige, sachverständige Stellen, Prüfämter, Prüfingenieurinnen und Prüfingenieure sowie deren Anerkennung,

4. Sachverständige, die von der Bauherrin oder dem Bauherrn mit der Erstellung von Nachweisen und Bescheinigungen beauftragt werden sowie deren staatliche Anerkennung,

5. die Verpflichtung der Betreiberinnen oder Betreiber, mit der wiederkehrenden Prüfung bestimmter Anlagen nach Absatz 1 Nummer 7 Sachverständige oder Sachkundige zu beauftragen,

6. die Berichtspflicht der Bauaufsichtsbehörden gemäß § 91 Satz 2 und 3 und

7. ein Verfahren für die elektronische Abwicklung der nach diesem Gesetz durch die Bauaufsichtsbehörden durchzuführenden Verfahren, bei dem auf Schriftformerfordernisse und Formerfordernisse sowie Fristen,

die durch dieses Gesetz oder aufgrund dieses Gesetzes angeordnet sind, verzichtet oder von diesen abgewichen werden kann. Das Verfahren muss den Datenübermittler (Absender der Daten) authentifizieren und die Integrität des elektronisch übermittelten Datensatzes gewährleisten.

Sie kann dafür bestimmte Voraussetzungen festlegen, die die Verantwortlichen nach den §§ 53 bis 56 oder die Sachverständigen zu erfüllen haben. Sie muss dies in den Fällen des Satzes 1 Nummer 2 bis 5 tun. Dabei können insbesondere die Fachbereiche, in denen Sachverständige tätig werden, sowie Mindestanforderungen an die Fachkenntnisse sowie in zeitlicher und sachlicher Hinsicht an die Berufserfahrung festgelegt, eine laufende Fortbildung vorgeschrieben, durch Prüfungen nachzuweisende Befähigung bestimmt, der Nachweis der persönlichen Zuverlässigkeit und einer ausreichenden Haftpflichtversicherung gefordert und Altersgrenzen festgesetzt werden. Sie kann darüber hinaus auch eine besondere Anerkennung der Sachverständigen und Prüfingenieure vorschreiben, das Verfahren und die Voraussetzungen für die Anerkennung, ihren Widerruf, ihre Rücknahme und ihr Erlöschen und die Vergütung der Sachverständigen und Prüfingenieure sowie für Prüfungen, die Bestellung und Zusammensetzung der Prüfungsorgane und das Prüfungsverfahren regeln.

(3) Die oberste Bauaufsichtsbehörde wird ermächtigt, zum bauaufsichtlichen Verfahren durch Rechtsverordnung Vorschriften zu erlassen über

1. Umfang, Inhalt und Zahl der erforderlichen Unterlagen einschließlich der Vorlagen bei der Anzeige der beabsichtigten Beseitigung von Anlagen nach § 62 Absatz 3 Satz 2 und bei der Genehmigungsfreistellung nach § 63,

2. die erforderlichen Anträge, Anzeigen, Nachweise und Bescheinigungen und

3. das Verfahren im Einzelnen.

Sie kann dabei für verschiedene Arten von Bauvorhaben unterschiedliche Anforderungen und Verfahren festlegen.

(4) Die oberste Bauaufsichtsbehörde wird ermächtigt, durch Rechtsverordnung vorzuschreiben, dass die am Bau Beteiligten nach den §§ 53 bis 56 zum Nachweis der ordnungsgemäßen Bauausführung Bescheinigungen, Bestätigungen oder Nachweise dieser Personen, von Sachverständigen, Fachleuten oder Behörden über die Einhaltung bauaufsichtlicher Anforderungen vorzulegen haben.

(5) Die oberste Bauaufsichtsbehörde wird ermächtigt, durch Rechtsverordnung die Befugnisse für die Anerkennung von Prüf-, Zertifizierungs- und Überwachungsstellen (§ 25) auf andere Behörden zu übertragen. Die Befugnis nach Satz 1 kann auch auf eine Behörde eines anderen Landes übertragen werden, die der Aufsicht einer obersten Bauaufsichtsbehörde untersteht oder an deren Willensbildung die oberste Bauaufsichtsbehörde mitwirkt. Die Befugnis darf nur im Einvernehmen mit der obersten Bauaufsichtsbehörde ausgeübt werden.

(6) Die oberste Bauaufsichtsbehörde kann durch Rechtsverordnung

1. das Ü-Zeichen festlegen und zu diesem Zeichen zusätzliche Angaben verlangen und

2. das Anerkennungsverfahren nach § 25 Absatz 1, die Voraussetzungen für die Anerkennung, ihren Widerruf und ihr Erlöschen regeln, insbesondere auch Altersgrenzen festlegen, sowie eine ausreichende Haftpflichtversicherung fordern.

(7) Die oberste Bauaufsichtsbehörde kann durch Rechtsverordnung vorschreiben, dass für bestimmte Bauprodukte und Bauarten, auch soweit sie Anforderungen nach anderen Rechtsvorschriften unterliegen, hinsichtlich dieser Anforderungen § 17 Absatz 2 und §§ 20 bis 25 ganz oder teilweise anwendbar sind, wenn die anderen Rechtsvorschriften dies verlangen oder zulassen.

(8) Die oberste Bauaufsichtsbehörde wird ermächtigt, durch Rechtsverordnung zu bestimmen, dass die Anforderungen der aufgrund des § 34 des Produktsicherheitsgesetzes vom 8. November 2011 (BGBl. I S. 2178, 2179; 2012 I S. 131), das durch Artikel 435 der Verordnung vom 31. August 2015 (BGBl. I S. 1474) geändert worden ist, erlassenen Rechtsverordnungen entsprechend für Anlagen gelten, die weder gewerblichen noch wirtschaftlichen Zwecken dienen und in deren Gefahrenbereich auch keine Arbeitnehmer beschäftigt werden. Sie kann auch die Verfahrensvorschriften dieser Verordnungen für anwendbar erklären oder selbst das Verfahren bestimmen sowie Zuständigkeiten und Gebühren regeln. Dabei kann sie auch vorschreiben, dass danach zu erteilende Erlaubnisse die Baugenehmigung nach § 74 oder Zustimmung nach § 79 einschließlich etwaiger Abweichungen nach § 69 einschließen sowie, dass § 35 des Produktsicherheitsgesetzes insoweit Anwendung findet.

(9) Die Rechtsverordnungen werden nach Anhörung des zuständigen Ausschusses des Landtags erlassen.

(10) Die oberste Bauaufsichtsbehörde erlässt die zur Durchführung dieses Gesetzes oder der Rechtsvorschriften aufgrund dieses Gesetzes erforderlichen Verwaltungsvorschriften.

§ 88 (Fn 5)
Technische Baubestimmungen

(1) Die Anforderungen nach § 3 Absatz 1 Satz 1 und 2 können durch Technische Baubestimmungen konkretisiert werden. Die Technischen Baubestimmungen sind zu beachten. Von den in den Technischen Baubestimmungen enthaltenen Planungs-, Bemessungs- und Ausführungsregelungen kann abgewichen werden, wenn mit einer anderen Lösung in gleichem Maße die Anforderungen erfüllt werden und in der Technischen Baubestimmung eine Abweichung nicht ausgeschlossen ist. §§ 17 Absatz 2, 20 Absatz 1 und 69 Absatz 1 bleiben unberührt.

(2) Die Konkretisierungen können durch Bezugnahmen auf technische Regeln und deren Fundstellen oder auf andere Weise erfolgen, insbesondere in Bezug auf:

1. bestimmte bauliche Anlagen oder ihre Teile,

2. die Planung, Bemessung und Ausführung baulicher Anlagen und ihrer Teile,

3. die Leistung von Bauprodukten in bestimmten baulichen Anlagen oder ihren Teilen, insbesondere

a) Planung, Bemessung und Ausführung baulicher Anlagen bei Einbau eines Bauprodukts,

b) Merkmale von Bauprodukten, die sich für einen Verwendungszweck auf die Erfüllung der Anforderungen nach § 3 Absatz 1 Satz 1 auswirken,

c) Verfahren für die Feststellung der Leistung eines Bauprodukts im Hinblick auf Merkmale, die sich für einen Verwendungszweck auf die Erfüllung der Anforderungen nach § 3 Absatz 1 Satz 1 auswirken,

d) zulässige oder unzulässige besondere Verwendungszwecke,

e) die Festlegung von Klassen und Stufen in Bezug auf bestimmte Verwendungszwecke,

f) die für einen bestimmten Verwendungszweck anzugebende oder erforderliche und anzugebende Leistung in Bezug auf ein Merkmal, das sich für einen Verwendungszweck auf die Erfüllung der Anforderungen nach § 3 Absatz 1 Satz 1 auswirkt, soweit vorgesehen in Klassen und Stufen,

4. die Bauarten und die Bauprodukte, die nur eines allgemeinen bauaufsichtlichen Prüfzeugnisses nach § 17 Absatz 3 oder nach § 22 Absatz 1 bedürfen,

5. Voraussetzungen zur Abgabe der Übereinstimmungserklärung für ein Bauprodukt nach § 24 Absatz 2 und

6. die Art, den Inhalt und die Form technischer Dokumentation.

(3) Die Technischen Baubestimmungen sollen nach den Grundanforderungen gemäß Anhang I der Verordnung (EU) Nr. 305/2011 gegliedert sein.

(4) Die Technischen Baubestimmungen enthalten die in § 20 Absatz 3 genannte Liste.

(5) Das Deutsche Institut für Bautechnik veröffentlicht nach Anhörung der beteiligten Kreise im Einvernehmen mit den obersten Bauaufsichtsbehörden der Länder eine Muster-Verwaltungsvorschrift Technische Baubestimmungen (MVVTB). Die Oberste Bauaufsichtsbehörde erlässt die Technischen Baubestimmungen nach Absatz 1 als Verwaltungsvorschrift für das Land Nordrhein-Westfalen. Bei der Bekanntgabe kann hinsichtlich ihres Inhalts auf die Fundstelle verwiesen werden.

§ 89 (Fn 5)
Örtliche Bauvorschriften

(1) Die Gemeinden können durch Satzung örtliche Bauvorschriften erlassen über

1. besondere Anforderungen an die äußere Gestaltung baulicher Anlagen sowie von Werbeanlagen und Warenautomaten zur Erhaltung und Gestaltung von Ortsbildern,

2. über das Verbot von Werbeanlagen und Warenautomaten aus ortsgestalterischen Gründen,

3. die Lage, Größe, Beschaffenheit, Ausstattung und Unterhaltung von Kinderspielplätzen (§ 8 Absatz 2),

4. Zahl, Größe und Beschaffenheit der Stellplätze und Fahrradabstellplätze einschließlich deren Zubehörnutzungen (§ 48 Absatz 1), die unter Berücksichtigung der Sicherheit und Leichtigkeit des Verkehrs, der Bedürfnisse des ruhenden Verkehrs, der städtebaulichen Situation und der Erschließung durch Einrichtungen des öffentlichen Personennahverkehrs für Anlagen erforderlich sind, bei denen ein Zu- und Abgangsverkehr mit Kraftfahrzeugen und Fahrrädern oder fahrradähnlichen Leichtkrafträdern zu erwarten ist (notwendige Stellplätze, notwendige Fahrradabstellplätze), einschließlich des Mehrbedarfs bei Änderungen und Nutzungsänderungen der Anlagen, sowie die Ablösung der Herstellungspflicht und die Höhe der Ablösungsbeträge, die nach Art der Nutzung und Lage der Anlage unterschiedlich geregelt werden kann,

5. die Gestaltung der Gemeinschaftsanlagen, der Lagerplätze, der Stellplätze für Kraftfahrzeuge, der Plätze für bewegliche Abfallbehälter und der unbebauten Flächen der bebauten Grundstücke sowie über die Notwendigkeit, Art, Gestaltung und Höhe von Einfriedungen; dabei kann bestimmt werden, dass Vorgärten nicht als Arbeitsflächen oder Lagerflächen benutzt werden dürfen,

6. von § 6 abweichende Maße der Abstandsflächentiefe, soweit dies zur Gestaltung des Ortsbildes oder zur Verwirklichung der Festsetzungen einer städtebaulichen Satzung erforderlich ist und eine ausreichende Belichtung sowie der Brandschutz gewährleistet sind, oder

7. die Begrünung baulicher Anlagen.

(2) Örtliche Bauvorschriften können auch durch Bebauungsplan oder, soweit das Baugesetzbuch dies vorsieht, durch andere Satzungen nach den Vorschriften des Baugesetzbuchs erlassen werden. Werden die örtlichen Bauvorschriften durch Bebauungsplan oder durch eine sonstige städtebauliche Satzung nach dem Baugesetzbuch erlassen, so sind die Vorschriften des Ersten und des Dritten Abschnitts des Ersten Teils, des Ersten Abschnitts des Zweiten Teils, die §§ 13, 13a, 13b, 30, 31, 33, 36, 214 und 215 Baugesetzbuch entsprechend anzuwenden.

(3) Anforderungen nach den Absätzen 1 und 2 können innerhalb der örtlichen Bauvorschrift auch in Form zeichnerischer Darstellungen gestellt werden. Ihre Bekanntgabe kann dadurch ersetzt werden, dass dieser Teil der örtlichen Bauvorschrift bei der Gemeinde zur Einsicht ausgelegt wird; hierauf ist in den örtlichen Bauvorschriften hinzuweisen.

§ 90 (Fn 26)
Übergangsvorschriften

(1) Die Verwendung des Ü-Zeichens auf Bauprodukten, die die CE-Kennzeichnung aufgrund der Verordnung (EU) Nr. 305/2011 tragen, ist mit dem Inkrafttreten dieses Gesetzes nicht mehr zulässig. Sind bereits in Verkehr gebrachte Bauprodukte, die die CE-Kennzeichnung aufgrund der Verordnung (EU) Nr. 305/2011 tragen, mit dem Ü-Zeichen gekennzeichnet, verliert das Ü-Zeichen mit dem Inkrafttreten dieses Gesetzes seine Gültigkeit.

(2) Bis zum Inkrafttreten dieses Gesetzes für Bauarten erteilte allgemeine bauaufsichtliche Zulassungen oder Zustimmungen im Einzelfall gelten als Bauartgenehmigung fort.

(3) Bestehende Anerkennungen als Prüf-, Überwachungs- und Zertifizierungsstellen bleiben in dem bis zum Inkrafttreten dieses Gesetzes geregelten Umfang wirksam. Vor dem Inkrafttreten dieses Gesetzes gestellte Anträge gelten als Anträge nach diesem Gesetz.

(4) Die vor dem Inkrafttreten dieses Gesetzes eingeleiteten Verfahren sind nach den zum Zeitpunkt der Antragstellung geltenden Verfahrensvorschriften fortzuführen und abzuschließen. Abweichend von Satz 1 kann die Bauherrschaft die Anwendung dieses Gesetzes anstelle des zur Zeit der Antragstellung geltenden Rechts beantragen.

§ 91
Berichtspflicht

Die Landesregierung berichtet dem Landtag bis zum 31. Dezember 2023 über die Notwendigkeit und Zweckmäßigkeit der Regelungen dieses Gesetzes. Die Bauaufsichtsbehörden haben der obersten Bauaufsichtsbehörde über die durchschnittliche Länge von Baugenehmigungsverfahren jährlich zum 31. Dezember Bericht zu erstatten. Inhalt, Art, Form und Umfang der Berichtspflicht wird durch eine Rechtsverordnung durch die oberste Bauaufsichtsbehörde festgelegt. Die oberste Bauaufsichtsbehörde berichtet dem Landtag über die wesentlichen Inhalte der jeweiligen Berichte.

Die Landesregierung

Nordrhein-Westfalen

Der Ministerpräsident

Der Minister für Kinder, Familie,

Flüchtlinge und Integration

Der Minister der Finanzen

Der Minister des Innern

Der Minister für Wirtschaft, Innovation,

Digitalisierung und Energie

Der Minister für Arbeit, Gesundheit und Soziales

Die Ministerin für Schule und Bildung

Die Ministerin für Heimat, Kommunales, Bau und Gleichstellung

Der Minister der Justiz

Der Minister für Verkehr

Die Ministerin für Umwelt, Landwirtschaft,

Natur- und Verbraucherschutz

Die Ministerin für Kultur und Wissenschaft

Der Minister für Bundes- und Europaangelegenheiten

sowie Internationales

Fußnoten:

Fn 1 In Kraft getreten am 4. August 2018 und am 1. Januar 2019 (GV. NRW. 2018 S. 421); geändert durch Artikel 7 des Gesetzes vom 26. März 2019 (GV. NRW. S. 193), in Kraft getreten am 10. April 2019; Artikel 13 des Gesetzes vom 14. April 2020 (GV. NRW. S. 218b), in Kraft getreten am 15. April 2020; Artikel 1 des Gesetzes vom 1. Dezember 2020 (GV. NRW. S. 1109), in Kraft getreten am 8. Dezember 2020; Gesetz vom 30. Juni 2021 (GV. NRW. S. 822), in Kraft getreten am 2. Juli 2021; Artikel 3 des Gesetzes vom 14. September 2021 (GV. NRW. S. 1086), in Kraft getreten am 22. September 2021.

Fn 2 § 61 Absatz 1 zuletzt geändert durch Gesetz vom 30. Juni 2021 (GV. NRW. S. 822), in Kraft getreten am 2. Juli 2021.

Fn 3 § 87: Absatz 2 geändert durch Artikel 13 des Gesetzes vom 14. April 2020 (GV. NRW. S. 218b), in Kraft getreten am 15. April 2020; Absatz 2 zuletzt geändert durch Artikel 1 des Gesetzes vom 1. Dezember 2020 (GV. NRW. S. 1109), in Kraft getreten am 8. Dezember 2020; Absatz 1, 2 und 3 geändert durch Gesetz vom 30. Juni 2021 (GV. NRW. S. 822), in Kraft getreten am 2. Juli 2021.

Fn 4 Inhaltsübersicht geändert durch Gesetz vom 30. Juni 2021 (GV. NRW. S. 822), in Kraft getreten am 2. Juli 2021.

Fn 5 § 2 Absatz 3, § 11 Absatz 3, § 26 Absatz 3, § 30 Absatz 5, § 34 Absatz 5, § 35 Absatz 1, § 39 Absatz 4, § 42 Absatz 1 und Absatz 7, § 43 Absatz 2, § 50 Absatz 2, § 53 Absatz 1 und 2, § 54 Absatz 1 und 4, § 57 Absatz 2, § 60 Absatz 1, § 65, § 72 Absatz 6, § 73 Absatz 1, § 74 Absatz 2 und 8, § 81 Absatz 1, § 83 Absatz 2, § 88 Absatz 1, § 89 Absatz 1 geändert durch Gesetz vom 30. Juni 2021 (GV. NRW. S. 822), in Kraft getreten am 2. Juli 2021.

Fn 6 § 3 Absatz 1, 2 geändert und Absatz 3 aufgehoben durch Gesetz vom 30. Juni 2021 (GV. NRW. S. 822), in Kraft getreten am 2. Juli 2021.

Fn 7 § 4 Absatz 2 geändert durch Gesetz vom 30. Juni 2021 (GV. NRW. S. 822), in Kraft getreten am 2. Juli 2021.

Fn 8 § 6 Absatz 4, 5, 7, 9 und 11 geändert, Absatz 8 neu gefasst sowie Absatz 14 angefügt durch Gesetz vom 30. Juni 2021 (GV. NRW. S. 822), in Kraft getreten am 2. Juli 2021.

Fn 9 § 7 neu gefasst durch Gesetz vom 30. Juni 2021 (GV. NRW. S. 822), in Kraft getreten am 2. Juli 2021.

Fn 10 § 8 Absatz 2 und 3 eingefügt, bisherige Absätze 2 und 3 werden Absätze 4 und 5 durch Gesetz vom 30. Juni 2021 (GV. NRW. S. 822), in Kraft getreten am 2. Juli 2021.

Fn 11 § 47 Absatz 1 geändert und Absatz 5 neu gefasst durch Gesetz vom 30. Juni 2021 (GV. NRW. S. 822), in Kraft getreten am 2. Juli 2021.

Fn 12 § 48 neu gefasst durch Gesetz vom 30. Juni 2021 (GV. NRW. S. 822), in Kraft getreten am 2. Juli 2021.

Fn 13 § 49 Absatz 1 und 2 neu gefasst durch Gesetz vom 30. Juni 2021 (GV. NRW. S. 822), in Kraft getreten am 2. Juli 2021.

Fn 14 § 58 Absatz 5 neu gefasst durch Gesetz vom 30. Juni 2021 (GV. NRW. S. 822), in Kraft getreten am 2. Juli 2021.

Fn 15 § 62: Überschrift und Absatz 1 und 2 geändert sowie Absatz 3 neu gefasst durch Gesetz vom 30. Juni 2021 (GV. NRW. S. 822), in Kraft getreten am 2. Juli 2021.

Fn 16 § 63 Absatz 2, 4, 5 und 6 geändert sowie Absatz 8 neu gefasst durch Gesetz vom 30. Juni 2021 (GV. NRW. S. 822), in Kraft getreten am 2. Juli 2021.

Fn 17 § 64 und § 66 neu gefasst durch Gesetz vom 30. Juni 2021 (GV. NRW. S. 822), in Kraft getreten am 2. Juli 2021.

Fn 18 § 68: Absatz 1 neu eingefügt, bisheriger Absatz 1 wird Absatz 2 und geändert, bisheriger Absatz 2 wird Absatz 3 und geändert, Absätze 4, 5 und 6 neu eingefügt, bisheriger Absatz 3 aufgehoben durch Gesetz vom 30. Juni 2021 (GV. NRW. S. 822), in Kraft getreten am 2. Juli 2021.

Fn 19 § 69 Absatz 1 neu gefasst, Absatz 1a eingefügt sowie Absatz 2 und 3 geändert durch Gesetz vom 30. Juni 2021 (GV. NRW. S. 822), in Kraft getreten am 2. Juli 2021.

Fn 20 § 70 Absatz 1 neu gefasst durch Gesetz vom 30. Juni 2021 (GV. NRW. S. 822), in Kraft getreten am 2. Juli 2021.

Fn 21 § 71: Absatz 1 geändert, Absatz 2 und 3 eingefügt, bisheriger Absatz 2 wird Absatz 4 und geändert, bisheriger Absatz 3 wird Absatz 5 und geändert, Absatz 6 eingefügt, bisheriger Absatz 4 wird Absatz 7 durch Gesetz vom 30. Juni 2021 (GV. NRW. S. 822), in Kraft getreten am 2. Juli 2021.

Fn 22 § 78 Absatz 2 geändert, Absatz 10 neu gefasst durch Gesetz vom 30. Juni 2021 (GV. NRW. S. 822), in Kraft getreten am 2. Juli 2021.

Fn 23 § 79 Absatz 1, 3 und 4 geändert, Absatz 5 eingefügt, bisheriger Absatz 5 wird Absatz 6 und geändert durch Gesetz vom 30. Juni 2021 (GV. NRW. S. 822), in Kraft getreten am 2. Juli 2021.

Fn 24 § 82: bisheriger Wortlaut wird Absatz 1 und Absatz 2 eingefügt durch Gesetz vom 30. Juni 2021 (GV. NRW. S. 822), in Kraft getreten am 2. Juli 2021.

Fn 25 § 86: Absatz 1 und 2 geändert, Absatz 3 und 4 neu gefasst durch Gesetz vom 30. Juni 2021 (GV. NRW. S. 822), in Kraft getreten am 2. Juli 2021.

Fn 26 § 90 Absatz 4 neu gefasst durch Gesetz vom 30. Juni 2021 (GV. NRW. S. 822), in Kraft getreten am 2. Juli 2021.

Fn 27 § 67: Absatz 2, 3 und 5 geändert durch Gesetz vom 30. Juni 2021 (GV. NRW. S. 822), in Kraft getreten am 2. Juli 2021; Absatz 3 zuletzt geändert durch Artikel 3 des Gesetzes vom 14. September 2021 (GV. NRW. S. 1086), in Kraft getreten am 22. September 2021.

Verordnung über bautechnische Prüfungen (BauPrüfVO) [1])

Vom 6. Dezember 1995 (Fn 1, 8)

Aufgrund des § 79 Abs. 4 und des § 85 Abs. 2 Nr. 3, Abs. 3 und 4 der Landesbauordnung (BauO NW) vom 7. März 1995 (GV. NW. S. 218) (Fn 2) wird nach Anhörung des Ausschusses für Städtebau und Wohnungswesen des Landtags verordnet:

Erster Teil
Bauvorlagen

Erster Abschnitt
Anforderungen an Bauvorlagen

§ 1 (Fn 4)
Allgemeines

(1) Bauvorlagen gemäß § 70 Absatz 2 Satz 1 der Landesbauordnung 2018 vom 21. Juli 2018 (GV. NRW. S. 421) in der jeweils geltenden Fassung (im Folgenden BauO NRW 2018 genannt) sind insbesondere

1. die Auszüge aus dem Liegenschaftskataster (§ 2),

2. der Lageplan (§ 3),

3. die Bauzeichnungen (§ 4),

4. die Baubeschreibung und bei gewerblichen oder landwirtschaftlichen Betrieben die Betriebsbeschreibung (§ 5),

5. die Berechnungen und Angaben zur Kostenermittlung (§ 6),

6. die Nachweise der Standsicherheit und des Schallschutzes (§ 8),

7. das Brandschutzkonzept (§ 9),

8. das Barrierefrei-Konzept (§ 9a).

(2) Der Inhalt der Bauvorlagen beschränkt sich auf das zur Beurteilung der jeweiligen Anträge und Vorhaben Erforderliche. Die Bauaufsichtsbehörde kann in zu begründenden Einzelfällen weitere Unterlagen fordern, wenn sie dies zur Beurteilung für erforderlich hält. Die Bauaufsichtsbehörde kann auf Bauvorlagen und einzelne Angaben in den Bauvorlagen sowie auf die Nachweise der Standsicherheit und des Schallschutzes einschließlich deren Prüfung und Bescheinigung durch staatlich anerkannte Sachverständige verzichten, soweit sie zur Beurteilung nicht erforderlich sind. Auf die Vorlage des Brandschutzkonzeptes bei Bauvorhaben großer Sonderbauten gemäß § 50 Absatz 2 BauO NRW 2018 (§ 11) darf nicht verzichtet werden. Die Bauvorlagen müssen aus dauerhaftem Papier lichtbeständig hergestellt sein. § 3a des Verwaltungsverfahrensgesetzes für das Land Nordrhein-Westfalen vom 12. November 1999 (GV. NRW. S. 602) in der jeweils geltenden Fassung bleibt unberührt.

(3) Für Anträge, die Vorlage an die Gemeinde in der Genehmigungsfreistellung und einzelne Bauvorlagen sind die von der obersten Bauaufsichtsbehörde in der Sammlung des Ministerialblattes unter Gliederungsnummer 23210 bekannt gemachten Vordrucke zu verwenden.

§ 2 (Fn 4)
Auszüge aus dem Liegenschaftskataster

(1) Auszüge aus dem Liegenschaftskataster sind die Standardausgaben in Form der Flurkarte oder der Amtlichen Basiskarte.

(2) Im Auszug aus der Flurkarte müssen das Baugrundstück und die benachbarten Grundstücke im Umkreis von 50 m um das Baugrundstück sowie der Standort des Bauvorhabens dargestellt sein. Der Auszug darf nicht älter als sechs Monate und muss amtlich beglaubigt sein. Ein Auszug nach Satz 1 ist nicht erforderlich, wenn ein amtlicher Lageplan nach § 3 Absatz 3, § 17 Satz 1 Nummer 1 oder § 18 vorgelegt wird.

(3) Im Auszug aus der Amtlichen Basiskarte müssen das Baugrundstück und seine Umgebung im Umkreis von 500 m sowie der Standort des Bauvorhabens dargestellt sein. Dabei ist ein Maßstab von mindestens 1:5 000 zu verwenden. Der Auszug darf nicht älter als sechs Monate sein.

§ 3 (Fn 10)
Lageplan

(1) Der Lageplan ist auf der Grundlage eines Auszugs aus dem Liegenschaftskataster (§ 2) zu erstellen. Dabei ist ein Maßstab von mindestens 1:500 zu verwenden. Ein größerer Maßstab ist zu wählen, wenn es für die Beurteilung des Vorhabens notwendig ist. Der Lageplan muss, soweit erforderlich, enthalten

1. seinen Maßstab und die Lage des Baugrundstücks zur Nordrichtung,

2. die Bezeichnung des Baugrundstücks und der benachbarten Grundstücke nach Straße, Hausnummer, Grundbuch und Liegenschaftskataster sowie die Angabe der Eigentümerin oder des Eigentümers des Baugrundstücks,

3. die rechtmäßigen Grenzen des Baugrundstücks und deren Längen sowie seinen Flächeninhalt,

4. die Höhenlage der Eckpunkte des Baugrundstücks und die Höhenlage des engeren Baufeldes bezogen auf das aktuelle amtliche Höhenbezugssystem,

5. die Breite und die Höhenlage angrenzender öffentlicher Verkehrsflächen bezogen auf das aktuelle amtliche Höhenbezugssystem,

6. die vorhandenen baulichen Anlagen auf dem Baugrundstück und auf den angrenzenden Grundstücken sowie die genehmigten oder nach § 63 Absatz 2 und 5 BauO NRW 2018 zulässigen, aber noch nicht ausgeführten baulichen Anlagen auf dem Baugrundstück, bei Gebäuden

auch mit Angabe ihrer Geschosszahl, Wand- und Firsthöhen und deren Abstandsflächen mit Berechnung,

7. Denkmäler im Sinne des Denkmalschutzgesetzes vom 11. März 1980 (GV. NRW. S. 226, ber. S. 716) in der jeweils geltenden Fassung auf dem Baugrundstück und dessen engerer Umgebung sowie geschützte Baumbestände auf dem Baugrundstück,

8. Flächen auf dem Baugrundstück, die von Baulasten betroffen sind, sowie Flächen auf den angrenzenden Grundstücken, die von Baulasten zugunsten des Baugrundstücks betroffen sind,

9. Flächen auf dem Baugrundstück, die mit grundbuchlich gesicherten Dienstbarkeiten zu Gunsten der Träger von Hochspannungsleitungen und unterirdischen Leitungen für die Versorgung mit Elektrizität, Gas, Wärme und Wasser belegt sind,

10. Hydranten und andere Wasserentnahmestellen für Feuerlöschzwecke,

11. die Bezeichnung des Bebauungsplanes oder anderer Satzungen nach dem Baugesetzbuch in der Fassung der Bekanntmachung vom 3. November 2017 (BGBl. I S. 3634) in der jeweils geltenden Fassung mit den Festsetzungen über Art und Maß der baulichen Nutzung, die Bauweise, die Darstellung der Baulinien und Baugrenzen und der Flächen auf dem Baugrundstück, für die der Bebauungsplan oder eine andere Satzung besondere Festsetzungen trifft, sowie die Bezeichnung der örtlichen Bauvorschriften,

12. die geplanten baulichen Anlagen unter Angabe der Außenmaße, der Dachform, der Wand- und Firsthöhen, der Höhenlage der Eckpunkte der baulichen Anlage bezogen auf das aktuelle amtliche Höhenbezugssystem an der Geländeoberfläche, der Höhenlage des Erdgeschossfußbodens bezogen auf das aktuelle amtliche Höhenbezugssystem, der Grenzabstände, der Tiefe und Breite der Abstandflächen, der Abstände zu anderen baulichen Anlagen,

13. die Abstände der geplanten baulichen Anlage zu öffentlichen Verkehrsflächen, zu Grünflächen, zu Wasserflächen und zu Wäldern,

14. die Aufteilung der nicht überbauten Flächen auf dem Baugrundstück unter Angabe der Lage, Anzahl und Größe der Stellplätze für Kraftfahrzeuge, der Fahrradabstellplätze, der Zu- und Abfahrten, der Bewegungsflächen für die Feuerwehr, der Kinderspielplätze und der Flächen, die gärtnerisch angelegt werden beziehungsweise mit Bäumen bepflanzt werden sollen sowie

15. die Lage der Entwässerungsgrundleitungen bis zum öffentlichen Kanal oder die Lage der Abwasserbehandlungsanlage mit der Abwassereinleitung.

(2) Bei Vorhaben im Geltungsbereich eines Bebauungsplans oder anderer Satzungen nach dem Baugesetzbuch ist der Lageplan für bauliche Anlagen nach Absatz 1 Nummer 6 und geplante bauliche Anlagen auf dem Baugrundstück durch eine Berechnung ihrer Grundfläche, Geschossfläche, Zahl der Vollgeschosse und ihrer Baumasse zu ergänzen, mit der nachgewiesen wird, dass die festgesetzte Grundflächenzahl, Geschossflächenzahl, Zahl der Vollgeschosse oder Baumassenzahl eingehalten wird.

(3) Der Lageplan (Absatz 1) und die Berechnungen nach Absatz 2 müssen von einem Katasteramt angefertigt oder von einer Öffentlich bestellten Vermessungsingenieurin oder einem Öffentlich bestellten Vermessungsingenieur angefertigt und mit öffentlichem Glauben beurkundet werden (amtlicher Lageplan), wenn es beantragt wird oder

1. es sich bei den Außengrenzen des Baugrundstücks nicht um festgestellte Grenzen im Sinne des Vermessungs- und Katastergesetzes vom 1. März 2005 (GV. NRW. S. 174) in der jeweils geltenden Fassung handelt,
2. die Grenzen des Baugrundstücks und die vorhandenen baulichen Anlagen auf dem Baugrundstück und den angrenzenden Grundstücken

so vermessen sind, dass für die Grenzpunkte Koordinaten in einem einheitlichen System nicht ermittelt werden können, oder

3. auf dem Baugrundstück oder von angrenzenden Grundstücken her Grenzüberbauungen vorliegen,

4. eine Baulast im Sinne von § 18 auf dem Baugrundstück oder eine das Baugrundstück betreffende Baulast auf den angrenzenden Grundstücken ruht.

Wenn besondere Grundstücksverhältnisse, insbesondere in Folge des unübersichtlichen Verlaufs der Grenzen des Baugrundstücks durch Grenzvorsprünge oder Grenzknicke, gegeben sind und die Voraussetzungen für die Anfertigung eines amtlichen Lageplanes nach Satz 1 nicht vorliegen, können der Lageplan nach Absatz 1 und die Berechnungen nach Absatz 2 auch von einer Vermessungsingenieurin oder einem Vermessungsingenieur, die oder der Mitglied einer Ingenieurkammer ist, angefertigt werden; die Mitgliedschaft in einer Ingenieurkammer ist auf Verlangen der Bauaufsichtsbehörde nachzuweisen. In allen anderen Fällen können diese Bauvorlagen auch von den Entwurfsverfassenden angefertigt werden.

(4) Personen, die in einem anderen Mitgliedstaat der Europäischen Union oder einem nach dem Recht der Europäischen Gemeinschaften gleichgestellten Staat als Vermessungsingenieurin oder Vermessungsingenieur niedergelassen sind und dort Lagepläne anfertigen dürfen, sind ohne Mitgliedschaft in einer Ingenieurkammer berechtigt, den Lageplan nach Absatz 3 Satz 2 anzufertigen.

(5) Für die Darstellungen im Lageplan sind die Zeichen und/oder Farben der Anlage zu dieser Verordnung und im Übrigen die Planzeichen der Verordnung über die Ausarbeitung der Bauleitpläne und die Darstellung des Planinhalts (Planzeichenverordnung 1990 – PlanzV 90) vom 18. Dezember 1990 (BGBl. I 1991 S. 58) in der jeweils geltenden Fassung zu verwenden. Die sonstigen Darstellungen sind, soweit erfor-

derlich, durch Beschriftung zu kennzeichnen. Der Inhalt des Lageplanes ist auf besonderen Blättern darzustellen, wenn der Lageplan sonst unübersichtlich würde.

§ 4 (Fn 4)
Bauzeichnungen

(1) Für die Bauzeichnungen (Grundrisse, Schnitte, Ansichten) ist der Maßstab 1:100 zu verwenden. In den Bauzeichnungen sind anzugeben:

1. der Maßstab,

2. die Maße, auch die Maße der Öffnungen, in den Grundrissen und Schnitten,

3. das Brandverhalten der Baustoffe und die Feuerwiderstandsfähigkeit der Bauteile, soweit aus Gründen des Brandschutzes an diese Forderungen gestellt werden,

4. bei Änderung baulicher Anlagen die zu beseitigenden und die neuen Bauteile.

(2) In den Grundrissen, die für alle Geschosse anzufertigen sind, müssen insbesondere angegeben und eingezeichnet werden

1. die vorgesehene Nutzung der Räume,

2. die Treppen und Rampen mit ihrem Steigungsverhältnis,

3. Art und Anordnung sowie lichte Durchgangsmaße der Türen in und an Rettungswegen,

4. die Lage und Außenmaße der Abgasanlagen,

5. Räume für die Aufstellung von Feuerstätten und für die Brennstofflagerung,

6. ortsfeste Behälter für schädliche oder brennbare Flüssigkeiten oder für verflüssigte oder nicht verflüssigte Gase, soweit sie baugenehmigungsbedürftig sind,

7. Aufzugsschächte und die nutzbare Grundfläche der Fahrkörbe von Personenaufzügen,

8. Lüftungsleitungen und Installationsschächte, soweit sie baugenehmigungsbedürftig sind,

9. Feuermelde- und Feuerlöscheinrichtungen, sofern diese besonders vorgeschrieben sind, mit Angabe ihrer Art,

10. der Aufstellungsort von Maschinen und Apparaten.

(3) Aus den Schnitten muss insbesondere ersichtlich sein

1. die Höhenlage des Erdgeschossfußbodens bezogen auf das aktuelle amtliche Höhenbezugssystem,

2. der Anschnitt der vorhandenen und der geplanten Höhenlage der Geländeoberfläche bezogen auf das aktuelle amtliche Höhenbezugssystem sowie Aufschüttungen und Abgrabungen,

3. die Höhe der Fußbodenoberkante des höchstgelegenen Geschosses, in dem ein Aufenthaltsraum möglich ist, über der Geländeoberfläche im Mittel mit rechnerischem Nachweis (§ 2 Absatz 3 BauO NRW 2018),

4. die lichten Raumhöhen,

5. die Höhen der Firste über der Geländeoberfläche, die Dachneigungen sowie das Maß H je Außenwand in dem zur Bestimmung der Abstandsflächen erforderlichen Umfang (§ 6 Absatz 4 BauO NRW 2018).

(4) In den Ansichten müssen die geplanten baulichen Anlagen, bei Gebäuden auch das vorhandene und künftige Gelände mit Angabe seiner

Höhenlage bezogen auf das aktuelle amtliche Höhenbezugssystem dargestellt werden. Soweit erforderlich, müssen geplante Gebäude zusammen mit den Gebäuden in der näheren Umgebung in einer Ansicht im Maßstab 1:200 dargestellt werden; anstelle dieser Ansicht ist auch ein farbiges Foto oder eine farbige Fotomontage zulässig.

(5) Für die Darstellung in den Bauzeichnungen sind die Zeichen und/oder Farben der Anlage zu dieser Verordnung zu verwenden; dies gilt nicht, wenn in den Bauzeichnungen nur vorgesehene Bauteile dargestellt werden. Einzelne Bauzeichnungen oder Teile hiervon können durch besondere Zeichnungen, Zeichen und Farben erläutert werden.

(6) In den Bauzeichnungen für Wohngebäude der Gebäudeklassen 1 bis 3 mit nicht mehr als zwei Wohnungen sind die Angaben und Einzeichnungen nach Absatz 1 Nummer 3, Absatz 2 Nummer 3, 5 und 8 sowie Absatz 3 Nummer 4 nicht erforderlich.

§ 5 (Fn 4)
Baubeschreibung und Betriebsbeschreibung

(1) Soweit die für die Prüfung des Antrags notwendigen Angaben nicht bereits im Lageplan und in den Bauzeichnungen enthalten sind, sind diese in einer Baubeschreibung darzulegen. In der Baubeschreibung sind das Vorhaben insbesondere hinsichtlich der Bauprodukte und Bauarten, die verwendet und angewandt werden sollen, seine äußere Gestaltung (Baustoffe, Farben) und seine Nutzung zu erläutern. Sie muss, soweit es das Bauvorhaben erfordert, die Angaben enthalten, die in dem nach § 1 Absatz 3 bekannt gemachten Vordruck beschrieben sind.

(2) Für gewerbliche Anlagen, die einer immissionsschutzrechtlichen Genehmigung oder einer Erlaubnis nach den aufgrund des Produktsicherheitsgesetzes vom 8. November 2011 (BGBl. I S. 2178, 2179; 2012 I S. 131) in der jeweils geltenden Fassung erlassenen Rechtsverordnungen nicht bedürfen, muss eine Betriebsbeschreibung Angaben enthalten über

1. die Art der gewerblichen Tätigkeit unter Angabe der Art und der Zahl der Maschinen oder Apparate, der Art der zu verwendenden Rohstoffe und der herzustellenden Erzeugnisse, der Art ihrer Lagerung, insbesondere soweit sie feuer-, explosions- oder gesundheitsgefährlich sind,

2. die Art, die Menge und der Verbleib der Abfälle und des besonders zu behandelnden Abwassers,

3. die Zahl der Beschäftigten.

(3) Für landwirtschaftliche Betriebe muss eine Betriebsbeschreibung insbesondere Angaben enthalten über

1. die Größe der Betriebsflächen, deren Nutzungsarten und Eigentumsverhältnisse,

2. Art und Umfang der Viehhaltung,

3. Art, Lagerung und Verbleib der tierischen Abgänge,

4. Art, Menge und Lagerung der Stoffe, die feuer-, explosions- oder gesundheitsgefährlich sind,

5. Art, Menge und Verbleib der Abfälle und des besonders zu behandelnden Abwassers,

6. Anzahl der Arbeitskräfte, ihre fachliche Eignung sowie Art und Umfang ihrer Tätigkeiten,

7. die Kosten und den Nutzen.

§ 6 (Fn 4)
Berechnungen und Angaben zur Kostenermittlung

Berechnungen und Angaben zur Kostenermittlung sind

1. bei Gebäuden eine nachprüfbare Berechnung des Brutto-Rauminhalts nach DIN 277-1:2016-01 oder für Gebäude, für die landesdurchschnittliche Rohbauwertsätze je m³ Brutto-Rauminhalt nicht festgelegt sind, die Berechnung der veranschlagten (geschätzten) Rohbaukosten,

2. bei den übrigen baulichen Anlagen sowie anderen Anlagen und Einrichtungen im Sinne von § 1 Absatz 1 Satz 2 BauO NRW 2018 Angaben über die veranschlagten (geschätzten) Herstellungskosten.

Zweiter Abschnitt
Anforderungen an bautechnische Nachweise

§ 7 (Fn 4)
Übereinstimmungserklärung

Werden Bauvorlagen zu unterschiedlichen Zeitpunkten eingereicht oder während des Genehmigungsverfahrens geändert, haben die Entwurfsverfassenden jeweils zu erklären, dass die Bauvorlagen bezüglich ihres Planungs- und Bearbeitungsstandes übereinstimmen.

§ 8 (Fn 4)
Nachweise der Standsicherheit und des Schallschutzes

(1) Der Nachweis der Standsicherheit besteht aus einer Darstellung des gesamten statischen Systems einschließlich der Gründung, den erforderlichen Berechnungen, Konstruktionszeichnungen, Bewehrungs- und Schalungsplänen. Die statischen Berechnungen müssen die Standsicherheit der baulichen Anlagen und ihrer Teile nachweisen. Die Beschaffenheit des Baugrundes und seine Tragfähigkeit sind anzugeben. Der Standsicherheitsnachweis umfasst auch den Nachweis der Feuerwiderstandsfähigkeit der tragenden Bauteile.

(2) Von der Vorlage eines Nachweises der Standsicherheit kann im Einvernehmen mit der Bauaufsichtsbehörde abgesehen werden, wenn

bauliche Anlagen oder ihre Teile nach Bauart, statischem System, baulicher Durchbildung und Abmessungen sowie hinsichtlich ihrer Beanspruchung einer bewährten Ausführung entsprechen.

(3) Einzelnachweise gemäß Absatz 1, die nach ihrem Inhalt erst vorgelegt werden können, wenn die Ausführungsplanung erstellt ist, dürfen nach Erteilung der Baugenehmigung, jedoch rechtzeitig vor der Bauausführung zur Prüfung eingereicht werden.

(4) Als Nachweis des Schallschutzes sind, soweit erforderlich, Einzelnachweise durch Zeichnung, Beschreibung, Berechnung, Prüfzeugnisse oder Gutachten vorzulegen.

§ 9 (Fn 5)
Brandschutzkonzept

(1) Das Brandschutzkonzept ist eine zielorientierte Gesamtbewertung des baulichen und abwehrenden Brandschutzes bei Sonderbauten durch den in § 54 Absatz 3 BauO NRW 2018 bestimmten Personenkreis.

(2) Das Brandschutzkonzept muss insbesondere folgende Angaben enthalten:

1. Zu- und Durchfahrten sowie Aufstell- und Bewegungsflächen für die Feuerwehr,

2. den Nachweis der erforderlichen Löschwassermenge, den Nachweis der Löschwasserversorgung und die Angabe über die Hydrantenstandorte,

3. Bemessung, Lage und Anordnung der Löschwasser-Rückhalteanlagen,

4. das System der äußeren und der inneren Abschottungen in Brandabschnitte beziehungsweise Brandbekämpfungsabschnitte sowie der

Rauchabschnitte mit Angaben zur Feuerwiderstandsfähigkeit der Bauteile und Anforderungen an das Brandverhalten der Baustoffe,

5. Lage, Anordnung, Bemessung (gegebenenfalls durch rechnerischen Nachweis) und Kennzeichnung der Rettungswege auf dem Baugrundstück und in Gebäuden mit Angaben zur Sicherheitsbeleuchtung, zu automatischen Schiebetüren und zu elektrischen Verriegelungen von Türen,

6. die höchstzulässige Zahl der Nutzer der baulichen Anlage, deren Mobilität und Grundzüge der Evakuierung,

7. Lage und Anordnung haustechnischer Anlagen, insbesondere der Leitungsanlagen, gegebenenfalls mit Angaben zum Brandverhalten im Bereich von Rettungswegen sowie von Aufzügen,

8. Lage und Anordnung der Lüftungsanlagen mit Angaben zur brandschutztechnischen Ausbildung,

9. Lage, Anordnung und Bemessung der Rauch- und Wärmeabzugsanlagen mit Eintragung der Querschnitte beziehungsweise Luftwechselraten sowie der Überdruckanlagen zur Rauchfreihaltung von Rettungswegen,

10. die Alarmierungseinrichtungen und Alarmierungsanlagen,

11. Lage, Anordnung und gegebenenfalls Bemessung von Anlagen, Einrichtungen und Geräten zur Brandbekämpfung (wie Feuerlöschanlagen, Steigeleitungen, Wandhydranten, Schlauchanschlussleitungen, Feuerlöschgeräte) mit Angaben zu Schutzbereichen und zur Bevorratung von Sonderlöschmitteln,

12. Sicherheitsstromversorgung mit Angaben zur Bemessung und zur Lage und brandschutztechnischen Ausbildung des Aufstellraums, der Ersatzstromversorgungsanlagen (Batterien, Stromerzeugungsaggregate) und zum Funktionserhalt der elektrischen Leitungsanlagen,

13. Lage und Anordnung von Brandmeldeanlagen mit Unterzentralen und Feuerwehrtableaus, Auslösestellen,

14. Grundzüge der funktionalen steuerungstechnischen Zusammenhänge,

15. Feuerwehrpläne,

16. betriebliche Maßnahmen zur Brandverhütung und Brandbekämpfung sowie zur Rettung von Personen (wie Werkfeuerwehr, Betriebsfeuerwehr, Hausfeuerwehr, Brandschutzordnung, Maßnahmen zur Räumung, Räumungssignale),

17. Angaben darüber, welchen materiellen Anforderungen der BauO NRW 2018 oder in Vorschriften auf Grund der BauO NRW 2018 nicht entsprochen wird und welche ausgleichenden Maßnahmen stattdessen vorgesehen werden,

18. Anwendung von Verfahren und Methoden des Brandschutzingenieurwesens.

Die Angaben sind in einem schriftlichen Erläuterungsbericht zu formulieren und durch zeichnerische Darstellung der baulichen Anforderungen unter Angabe der technischen Anforderungen zu ergänzen.

§ 9a (Fn 9)
Barrierefrei-Konzept

(1) Den Bauvorlagen für neu zu errichtende öffentlich-zugängliche Gebäude gemäß § 49 Absatz 2 BauO NRW 2018, die große Sonderbauten gemäß § 50 Absatz 2 BauO NRW 2018 - mit Ausnahme von Gebäuden im Zuständigkeitsbereich von Polizei und Justiz - sind, ist ein Barrierefrei-Konzept beizufügen.

(2) Das Barrierefrei-Konzept ist eine schutzzielorientierte objektkonkrete Bewertung der baulichen, technischen und organisatorischen Anforderungen der Barrierefreiheit, die für die Prüfung im Genehmigungsverfahren relevant sind.

(3) Der Nachweis der Barrierefreiheit muss insbesondere folgende Angaben enthalten:

1. barrierefreie Erreichbarkeit der baulichen Anlage, barrierefreie Gebäudezugänge,

2. Ausführung der PKW-Stellplätze und deren Abmessungen,

3. Flurbreiten,

4. Türbreiten, Türschwellen, Türanschläge, Türöffnungsmöglichkeiten,

5. Aufzüge, Fahrtreppen,

6. Treppen, Handläufe,

7. Rampen einschließlich Neigungen, Gefälle,

8. Anordnung von Bedienelementen,

9. barrierefreie Sanitärräume, barrierefreie Anordnung Sanitärobjekte,

10. Abmessungen der Bewegungsflächen,

11. Orientierungshilfen sowie

12. Ausführungen zu § 49 Absatz 3 BauO NRW 2018.

Die Angaben sind in einem schriftlichen Erläuterungsbericht zu formulieren und durch zeichnerische Darstellung der baulichen Anforderungen unter Angabe der technischen Anforderungen zu ergänzen.

Dritter Abschnitt (Fn 6)
Bauvorlagen für Verfahren und Vorhaben

§ 10 (Fn 10)
Bauvorlagen zum Bauantrag im vereinfachten Baugenehmigungsverfahren und bei referenzieller Baugenehmigung

(1) Dem Bauantrag für die Errichtung oder Änderung baulicher Anlagen, die dem vereinfachten Baugenehmigungsverfahren unterliegen (§ 64 BauO NRW 2018), sind folgende Bauvorlagen in dreifacher Ausfertigung beizufügen:

1. bei Vorhaben nach den §§ 34 und 35 des Baugesetzbuches ein Auszug aus dem Liegenschaftskataster (§ 2 Absatz 1),

2. der Lageplan (§ 3),

3. die Bauzeichnungen (§ 4),

4. die Baubeschreibung und bei gewerblichen oder landwirtschaftlichen Betrieben die Betriebsbeschreibung (§ 5).

Die Berechnungen oder Angaben zur Kostenermittlung (§ 6) sind in zweifacher Ausfertigung beizufügen. Die Bauaufsichtsbehörde kann die Einreichung weiterer Ausfertigungen verlangen.

(2) Dem Bauantrag für die Änderung baulicher Anlagen brauchen die in Absatz 1 Satz 1 Nummer 1 und 2 genannten Bauvorlagen nicht beigefügt zu werden, wenn Länge und Höhe der den Nachbargrenzen zugekehrten Wände unverändert bleiben. Jedoch ist auf einem Übersichtsplan die zu ändernde bauliche Anlage kenntlich zu machen, wenn sich auf dem Baugrundstück mehrere bauliche Anlagen befinden und aus den sonstigen beizufügenden Bauvorlagen nicht ersichtlich ist, welche dieser baulichen Anlagen geändert werden sollen. Absatz 1 Satz 2 gilt entsprechend.

(3) Dem Bauantrag auf Erteilung einer Baugenehmigung für eine Nutzungsänderung sowie für die bei der Gemeinde einzureichende Anzeige der Nutzungsänderung gemäß § 64 Absatz 2 BauO NRW 2018 sind die in Absatz 1 Satz 1 Nummer 1 und 2 genannten Bauvorlagen beizufügen; hinsichtlich des Lageplanes ist § 3 Absatz 3 Satz 1 und 2 nicht anzuwenden. Art und Umfang der Nutzungsänderung sind anzugeben und erforderlichenfalls in Bauzeichnungen (§ 4) sowie in Bau- und Betriebsbeschreibungen kenntlich zu machen (§ 5). Sofern mit der Nutzungsänderung genehmigungsbedürftige bauliche Änderungen verbunden sind, sind dem Bauantrag auch die in Absatz 1 Nummer 3 und 4 genannten Bauvorlagen beizufügen. Absatz 1 Satz 2 gilt entsprechend.
(4) Für die Errichtung der Bezugsgebäude gemäß § 66 Absatz 5 Nummer 2 BauO NRW 2018 sind spätestens mit der Anzeige des Baubeginns folgende Bauvorlagen in einfacher Ausfertigung vorzulegen:

1. der Lageplan (§ 3),

2. die Bauzeichnungen (§ 4) und

3. die bautechnischen Nachweise (§ 68 BauO NRW 2018).

Die Bauaufsichtsbehörde kann die Einreichung weiterer Ausfertigungen verlangen.

§ 11 (Fn 5)
Bauvorlagen zum Bauantrag im Baugenehmigungsverfahren

Dem Bauantrag für die Errichtung, Änderung und Nutzungsänderung von Bauvorhaben nach § 65 BauO NRW 2018 ist neben den Bauvorlagen nach § 10 das Brandschutzkonzept nach § 9 in dreifacher Ausfertigung beizufügen. Neben den Bauvorlagen nach Satz 1 ist dem Bauantrag für neu zu errichtende öffentlich zugängliche Gebäude gemäß § 49 Absatz 2 BauO NRW 2018, die große Sonderbauten gemäß § 50 Absatz 2 BauO NRW 2018 - mit Ausnahme von Gebäuden im Zuständigkeitsbereich von Polizei und Justiz - sind, ein Barrierefrei-Konzept nach § 9a in dreifacher Ausfertigung beizufügen.

§ 12 (Fn 5)
Zusätzliche Angaben und Bauvorlagen für besondere Vorhaben

(1) Für Versammlungsstätten im Sinne der Sonderbauverordnung vom 2. Dezember 2016 (GV. NRW. 2017 S. 2, ber. S. 120) in der jeweils geltenden Fassung sind die Anordnung der Sitz- und Stehplätze, einschließlich der Plätze für Benutzerinnen und Benutzer von Rollstühlen, der Bühnen, Szenen- oder Spielflächen sowie der Verlauf und die erforderliche Breite der Rettungswege in einem Bestuhlungs- und Rettungswegeplan im Maßstab von mindestens 1:200 darzustellen. Sind verschiedene Anordnungen vorgesehen, so ist für jede ein besonderer Plan vorzulegen. Ist eine von § 1 Absatz 2 Satz 1 der Sonderbauverordnung abweichende höhere Anzahl von Besucherinnen und Besuchern je m² Grundfläche des Versammlungsraumes vorgesehen, sind die schnelle und sichere Erreichbarkeit der Ausgänge ins Freie und die Möglichkeit zur Durchführung wirksamer Lösch- und Rettungsmaßnahmen gesondert darzustellen.
(2) Für Beherbergungsstätten im Sinne der Sonderbauverordnung müssen die Bauvorlagen zusätzliche Angaben enthalten über die Anzahl der Gastbetten und ihre Zuordnung zu Beherbergungsräumen nach § 56 der Sonderbauverordnung. Für Beherbergungsstätten, für die ein Brandschutzkonzept nicht gefordert ist, müssen die Bauvorlagen Angaben enthalten über

1. die Sicherheitsbeleuchtung,

2. die Sicherheitsstromversorgung,

3. die Alarmierungseinrichtungen,

4. die Brandmeldeanlage und

5. die Rettungswege auf dem Grundstück.

(3) Für Verkaufsstätten im Sinne der Sonderbauverordnung müssen die Bauvorlagen ergänzt werden um

1. eine Berechnung der Flächen der Verkaufsräume und der Brandabschnitte und

2. eine Berechnung der erforderlichen Breiten der Ausgänge aus den Geschossen ins Freie oder in notwendige Treppenräume.

(4) Für Mittel- und Großgaragen im Sinne der Sonderbauverordnung müssen die Bauvorlagen Angaben enthalten über die Zahl, Abmessung und Kennzeichnung der Einstellplätze und Fahrgassen. In den Bauvorlagen für geschlossene Großgaragen mit nicht nur geringem Zu- und Abgangsverkehr sind Art und Lage der CO-Warnanlagen darzustellen.

(5) Für Betriebsräume gemäß § 143 der Sonderbauverordnung müssen die Bauvorlagen Angaben über die Lage des Betriebsraums und die Art der elektrischen Anlage enthalten.

(6) Für Krankenhäuser müssen die Bauvorlagen

1. Angaben über die Zahl der Betten und

2. eine Darstellung der Räume für Untersuchung und Behandlung mit ionisierenden Strahlen

enthalten.

§ 13 (Fn 4)
Bauvorlagen für Vorhaben in der Genehmigungsfreistellung

(1) Bei Vorhaben nach § 63 Absatz 2 und 5 BauO NRW 2018 sind der Gemeinde einzureichen:

1. der Lageplan (§ 3) und

2. die Bauzeichnungen (§ 4).

§ 10 Absatz 2 und 3 gilt entsprechend. Bei Gebäuden der Gebäudeklassen 1 und 2 ist eine Erklärung der Entwurfsverfassenden beizufügen, dass das Vorhaben den Anforderungen an den Brandschutz entspricht.

(2) Die Bauvorlagen nach Absatz 1 sind in einfacher Ausfertigung einzureichen. Hat die Bauherrschaft gemäß § 63 Absatz 6 Satz 4 BauO NRW 2018 ausdrücklich bestimmt, dass die Bauvorlagen im Falle der Erklärung der Gemeinde nach § 63 Absatz 2 Satz 1 Nummer 5 BauO NRW 2018 als Bauantrag zu behandeln sind, gilt § 10 Absatz 1 entsprechend. In diesem Fall sind auch die Baubeschreibungen (§ 5 Absatz 1) und die Berechnungen und Angaben zur Kostenermittlung (§ 6) in der nach § 10 Absatz 1 Satz 2 erforderlichen Anzahl von Ausfertigungen einzureichen.

§ 14 (Fn 4)
Bauvorlagen für Werbeanlagen

(1) Dem Bauantrag für die Errichtung, Aufstellung, Anbringung und Änderung von Werbeanlagen sind beizufügen:

1. der Auszug aus dem Liegenschaftskataster (§ 2 Absatz 1) mit Einzeichnung des Standorts der geplanten Werbeanlage und, soweit erforderlich, der Lageplan (§ 3), der nicht als Lageplan nach § 3 Absatz 3 angefertigt zu sein braucht,

2. die Zeichnung und die Beschreibung der Werbeanlage (Absatz 2),

3. ein farbiges Foto oder eine farbige Fotomontage (Absatz 3) und

4. Angaben über die veranschlagten Herstellungskosten.

(2) Die Zeichnung, für die ein Maßstab nicht kleiner als 1:50 zu verwenden ist, muss die Darstellung der geplanten Werbeanlage, ihre Maße, auch bezogen auf den Anbringungsort, sowie die Farben mit Angabe

der Nummer und Hilfsbezeichnung aus dem RAL-Farbregister enthalten. In der Beschreibung sind die Art und die Werkstoffe der geplanten Werbeanlage anzugeben.

(3) Auf einem farbigen Foto oder einer farbigen Fotomontage sind wiederzugeben:

1. die Darstellung der geplanten Werbeanlage in Verbindung mit der baulichen Anlage, vor der oder in deren Nähe sie aufgestellt oder errichtet oder an der sie angebracht werden soll,

2. die Darstellung der vorhandenen Werbeanlagen auf dem Grundstück und den angrenzenden Grundstücken,

3. die Darstellung und Bezeichnung der Werbeanlagen, die beseitigt werden sollen.

(4) § 10 Absatz 1 gilt sinngemäß.

§ 15 (Fn 5)
Bauvorlagen für die Beseitigung von Anlagen

(1) Der Anzeige der Beseitigung von Anlagen nach § 62 Absatz 3 Satz 3 BauO NRW 2018 sind unter Benennung des Grundstücks nach Straße und Hausnummer beizufügen:

1. ein Auszug aus der Flurkarte (§ 2 Absatz 2) mit der Darstellung der Lage des Beseitigungsvorhabens und

2. bei nicht freistehenden Gebäuden der Nachweis durch eine berechtigte Person nach § 54 Absatz 4 BauO NRW 2018, dass das Gebäude oder die Gebäude, an die das zu beseitigende Gebäude angebaut ist, während und nach der Beseitigung standsicher sind.

(2) Wird ein Baugenehmigungsverfahren nach § 62 Absatz 3 Satz 2 BauO NRW 2018 beantragt, sind neben den Unterlagen nach Absatz 1 beizufügen:

1. die Bezeichnung des Beseitigungsvorhabens,

2. eine Beschreibung der zu beseitigenden baulichen Anlagen nach ihrer wesentlichen Konstruktion und des vorgesehenen Beseitigungsvorgangs mit Angabe der erforderlichen Sicherungsmaßnahmen und

3. Angaben über den Verbleib des Beseitigungsmaterials.

(3) § 10 Absatz 1 Satz 3 gilt sinngemäß.

§ 16 (Fn 4)
Bauvorlagen beim Vorbescheid

Dem Antrag auf Erteilung eines Vorbescheides sind die Bauvorlagen beizufügen, die zur Beurteilung der durch den Vorbescheid zu entscheidenden Fragen des Bauvorhabens erforderlich sind. § 10 Absatz 1 Satz 2 gilt sinngemäß.

§ 17 (Fn 5)
Bauvorlagen für die Genehmigung von Grundstücksteilungen

Dem Antrag auf Genehmigung einer Grundstücksteilung (§ 7 BauO NRW 2018) sind in zweifacher Ausfertigung beizufügen:

1. ein amtlicher Lageplan nach § 3 Absatz 3 mit den Angaben und Darstellungen

a) nach § 3 Absatz 1 Nummer 1, 2 und 8 sowie die rechtmäßigen Grenzen, bezogen auf das zu teilende Grundstück,

b) der vorhandenen baulichen Anlagen auf dem zu teilenden Grundstück,

c) der Grenzabstände, der Abstandflächen und der Abstände zu den nach Buchstabe b darzustellenden baulichen Anlagen auf dem zu teilenden Grundstück und

d) der farblich unterlegten neuen Grenzen (Teilungslinie) sowie

2. die Bauzeichnungen (§ 4) der in Nummer 1 Buchstabe b genannten baulichen Anlagen, soweit sie zur Beurteilung des Antrags erforderlich sind.

§ 10 Absatz 1 Satz 3 gilt sinngemäß.

§ 18 (Fn 5)
Eintragung von Baulasten

Für die Eintragung von Baulasten nach § 4 Absatz 1 oder 2 und § 6 Absatz 2 BauO NRW 2018 sowie anderen Baulasten, die sich flächenmäßig auf Grundstücke oder auf Teile von Grundstücken beziehen, ist, sofern in der Verpflichtungserklärung (§ 85 Absatz 1 BauO NRW 2018) auf einen Lageplan Bezug genommen wird, dieser als amtlicher Lageplan nach § 3 Absatz 3 in zweifacher Ausfertigung beizufügen. Er muss mindestens enthalten

1. die Angaben nach § 3 Absatz 1 Nummer 1 bis 3, 6, 8 und 12 und

2. die Grundstücksflächen, die von der einzutragenden Baulast betroffen sind, entsprechend Nummer 1.12 der Anlage zu dieser Verordnung.

§ 19 (Fn 4)
Bauvorlagen für Typengenehmigungen

(1) Dem Antrag auf Erteilung der Typengenehmigung nach § 66 Absatz 1 bis 4 BauO NRW 2018 brauchen nur die Bauzeichnungen (§ 4), die Baubeschreibung (§ 5 Absatz 1) und die Nachweise der Standsicherheit und des Schallschutzes (§ 8) sowie die Berechnung oder Angaben nach § 6 beigefügt zu werden.

(2) Die Bauvorlagen sind in dreifacher Ausfertigung einzureichen. § 10 Absatz 1 Satz 3 gilt sinngemäß.

§ 20 (Fn 4)
Bauvorlagen für die Ausführungsgenehmigung Fliegender Bauten

(1) Dem Antrag auf Erteilung der Ausführungsgenehmigung Fliegender Bauten nach § 78 BauO NRW 2018 sind beizufügen:

1. die Bauzeichnungen (§ 4), die auch im Maßstab 1:50 angefertigt sein können; bei

Zelten mit mehr als 400 Besucherplätzen sind in der Grundrisszeichnung (§ 4 Absatz 2) auch die Anordnung und Abmessungen der Rettungswege mit ihrem rechnerischen Nachweis darzustellen (Rettungswegeplan),

2. die Baubeschreibung (§ 5 Absatz 1) mit zusätzlichen Angaben über Aufbau, Abbau und Betrieb sowie Wartung,

3. die Nachweise der Standsicherheit (§ 8 Absatz 1) mit Konstruktionszeichnungen im Maßstab 1:10 oder 1:50 der tragenden Einzelteile und deren Verbindungen,

4. erforderlichenfalls Prinzip-Schaltpläne für elektrische, hydraulische oder pneumatische Anlagenteile oder Einrichtungen,

5. die Angaben nach § 6 Nummer 2.

(2) Die Bauvorlagen sind in zweifacher Ausfertigung bei der für die Erteilung der Ausführungsgenehmigung zuständigen Bauaufsichtsbehörde einzureichen.

(3) § 10 Absatz 1 Satz 3 gilt sinngemäß; die Bauzeichnungen müssen aus Papier auf Gewebe bestehen.

Zweiter Teil
Bautechnische Prüfung von Bauvorhaben

Erster Abschnitt
Prüfämter, Prüfingenieurinnen und Prüfingenieure

§ 21 (Fn 10)
Prüfämter, Prüfingenieurinnen und Prüfingenieure

(1) Die oberste Bauaufsichtsbehörde bestimmt die Prüfämter für Baustatik (Prüfämter). Die Prüfämter nehmen insbesondere folgende Aufgaben wahr:

1. Typenprüfungen nach § 68 Absatz 6 Satz 6 und 7 BauO NRW 2018,

2. Prüfung von schwierigen statischen Berechnungen in Sonderfällen und

3. Prüfung von schwierigen Bauvorhaben besonderer Art, zum Beispiel von Fliegenden Bauten.

(2) Die Prüfämter müssen mit geeigneten Ingenieurinnen oder Ingenieuren besetzt sein. Sie müssen von einer oder einem im Bauingenieurwesen besonders vorgebildeten und erfahrenen Beamtin oder Beamten des höheren bautechnischen Verwaltungsdienstes geleitet werden. Für Organisationen der Technischen Überwachung, die für bestimmte Aufgaben als Prüfämter für Baustatik anerkannt werden, kann die oberste Bauaufsichtsbehörde Ausnahmen von den Anforderungen nach Satz 2 gestatten.

(3) „Prüfingenieurin für Baustatik", ,,Prüfingenieur für Baustatik", „Prüfingenieurin für Brandschutz“ oder „Prüfingenieur für Brandschutz“ ist, wer als solche oder solcher von der obersten Bauaufsichtsbehörde oder einer von ihr bestimmten Behörde anerkannt ist. Personen, die die Anerkennung nicht besitzen, dürfen die Bezeichnung ,,Prüfingenieurin für Baustatik", ,,Prüfingenieur für Baustatik", „Prüfingenieurin für Brandschutz“ oder „Prüfingenieur für Brandschutz“ nicht führen.

(4) Die Prüfämter, die Prüfingenieurinnen und Prüfingenieure unterstehen der Fachaufsicht der obersten Bauaufsichtsbehörde oder einer von ihr bestimmten Behörde.

§ 22 (Fn 10)
Umfang der Anerkennung, Niederlassung

(1) Die Anerkennung wird als Prüfingenieurin oder Prüfingenieur für Baustatik oder als Prüfingenieurin oder Prüfingenieur für Brandschutz ausgesprochen. Die Anerkennung als Prüfingenieurin oder Prüfingenieur für Baustatik wird für folgende Fachrichtungen ausgesprochen:

1. Metallbau,

2. Massivbau und

3. Holzbau.

Diese Anerkennung kann für eine oder mehrere Fachrichtungen ausgesprochen werden. Die Anerkennung für die Fachrichtungen Massivbau oder Metallbau schließt den Verbundbau ein.

(2) Die Anerkennung als Prüfingenieurin oder Prüfingenieur für Baustatik für eine Fachrichtung schließt die Berechtigung zur Prüfung einzelner Bauteile mit höchstens durchschnittlichem Schwierigkeitsgrad der anderen Fachrichtungen nicht aus.

(3) Die Anerkennung ist für eine bestimmte Niederlassung zu erteilen. Die Errichtung einer Zweitniederlassung in der Bundesrepublik Deutschland bedarf der Genehmigung durch die oberste Bauaufsichtsbehörde. Dem Antrag sind die für die Genehmigung erforderlichen Nachweise beizufügen. Die Genehmigung ist zu versagen, wenn wegen der Zahl der Mitarbeiter, die bei der Prüftätigkeit mithelfen sollen, der Entfernung zwischen den Niederlassungen oder aus anderen Gründen Bedenken gegen die ordnungsgemäße Aufgabenerledigung bestehen. Liegt die Zweitniederlassung in einem anderen Land, entscheidet die oberste Bauaufsichtsbehörde im Einvernehmen mit der Anerkennungsbehörde des anderen Landes. Für die Prüftätigkeit an

der Zweitniederlassung gilt § 28 Absatz 2 Satz 1 entsprechend. Die Änderung der Anschrift ist der obersten Bauaufsichtsbehörde mitzuteilen. Die Prüfingenieurin oder der Prüfingenieur hat die Verlegung ihrer oder seiner Niederlassung in eine andere Gemeinde der obersten Bauaufsichtsbehörde mitzuteilen.

(4) Nach dieser Verordnung anerkannte Prüfingenieurinnen und Prüfingenieure für Baustatik werden auf Antrag von der Ingenieurkammer-Bau NRW als Sachverständige für die Prüfung der Standsicherheit in ihren Fachrichtungen anerkannt.

(5) Die von anderen Ländern der Bundesrepublik Deutschland anerkannten Prüfingenieurinnen und Prüfingenieure für Baustatik gelten auch in Nordrhein-Westfalen als anerkannt. Die von anderen Ländern der Bundesrepublik Deutschland anerkannten Prüfingenieurinnen und Prüfingenieure für Brandschutz gelten auch in Nordrhein-Westfalen als anerkannt, wenn die Prüfingenieurin oder der Prüfingenieur für Brandschutz mindestens zehn Jahre Erfahrung in der brandschutztechnischen Planung und Ausführung von Gebäuden, insbesondere von Sonderbauten unterschiedlicher Art mit höherem brandschutztechnischen Schwierigkeitsgrad, oder deren Prüfung hat.

(6) Die aufgrund der Verordnung über die bautechnische Prüfung von Bauvorhaben (PrüfungVO) vom 19. Juli 1962 (GV. NW. S. 470), zuletzt geändert durch Verordnung vom 24. Mai 1969 (GV. NW. S. 281), oder aufgrund der Verordnung über bautechnische Prüfungen (BauPrüfVO) vom 6. Dezember 1984 (GV. NW. S. 774), zuletzt geändert durch Gesetz vom 7. März 1995 (GV. NW. S. 218), ausgesprochenen Anerkennungen als Prüfingenieurin oder Prüfingenieur für Baustatik gelten als Anerkennung im Sinne dieser Verordnung. Anerkennungen, die aufgrund des § 13 Absatz 4 der Verordnung über bautechnische Prüfungen (BauPrüfVO) vom 6. Dezember 1984 (GV. NW. S. 774), zuletzt geändert durch Gesetz vom 7. März 1995 (GV. NW. S. 218), befristet waren, können auf Antrag bis zur Vollendung des 70. Lebensjahres der Prüfingenieurin oder des Prüfingenieurs verlängert werden.

§ 23 (Fn 7)
Voraussetzungen der Anerkennung

(1) Die nach der Verordnung über staatlich anerkannte Sachverständige nach der Landesbauordnung in der jeweils geltenden Fassung staatlich anerkannten Sachverständigen für die Prüfung der Standsicherheit der Fachrichtungen Massivbau, Metallbau und Holzbau, die auch die Anerkennung als staatlich anerkannte Sachverständige für Schall- und Wärmeschutz besitzen, und staatlich anerkannte Sachverständige für die Prüfung des Brandschutzes werden auf Antrag als Prüfingenieurin oder Prüfingenieur anerkannt.

(2) Die Anerkennung ist zu versagen, wenn die Antragstellerin oder der Antragsteller

1. die Anerkennungsvoraussetzungen nach Absatz 1 nicht nachgewiesen hat,

2. die Fähigkeit, öffentliche Ämter zu bekleiden, verloren hat,

3. in einem ordentlichen Strafverfahren wegen einer vorsätzlichen Tat rechtskräftig zu einer Freiheitsstrafe von mindestens sechs Monaten verurteilt worden ist und wenn sich aus dem der Verurteilung zugrundeliegenden Sachverhalt ergibt, dass die Antragstellerin oder der Antragsteller zur Erfüllung der Berufsaufgaben nach § 28 Absatz 1 nicht geeignet ist,

4. durch gerichtliche Anordnung in der Verfügung über ihr oder sein Vermögen beschränkt ist oder

5. nicht genügend Gewähr dafür bietet, dass sie oder er neben der Prüftätigkeit andere Tätigkeiten nur in solchem Umfang ausüben wird, dass die ordnungsgemäße Erfüllung ihrer oder seiner Pflichten als Prüfingenieurin oder Prüfingenieur, insbesondere ihrer oder seiner Überwachungspflicht nach § 28 Absatz 2 gewährleistet ist.

(3) Die Anerkennung kann bei Bewerbern, die nicht Deutsche im Sinne des Artikel 116 des Grundgesetzes sind, versagt werden, wenn die Gegenseitigkeit nicht gewahrt ist. Dies gilt nicht für Antragstellerinnen oder Antragsteller, welche die Staatsangehörigkeit eines Mitgliedstaates der Europäischen Union oder eines nach dem Recht der Europäischen Gemeinschaften gleichgestellten Staates besitzen.

§ 24 (Fn 11)
Anerkennungsverfahren

(1) Der Antrag auf Anerkennung ist in Textform an die oberste Bauaufsichtsbehörde oder an die von ihr bestimmte Behörde zu richten. In dem Antrag ist anzugeben, ob die Anerkennung als Prüfingenieurin oder Prüfingenieur für Baustatik oder als Prüfingenieurin oder Prüfingenieur für Brandschutz beantragt wird und in welcher Gemeinde die Antragstellerin oder der Antragsteller sich als Prüfingenieurin oder Prüfingenieur niederzulassen beabsichtigt. In Anträgen auf Anerkennung als Prüfingenieurin oder Prüfingenieur für Baustatik ist auch anzugeben, für welche Fachrichtung nach § 22 Absatz 1 die Anerkennung beantragt wird.

(2) Dem Antrag auf Anerkennung als Prüfingenieurin oder Prüfingenieur für Baustatik nach § 23 Absatz 1 sind beizufügen:

1. ein Lebenslauf mit lückenloser Angabe des fachlichen Werdeganges bis zum Zeitpunkt der Antragstellung,

2. der Nachweis, dass im Falle der Anerkennung eine Haftpflichtversicherung mit Mindestdeckungssummen von 500 000 Euro für Personenschäden und 250 000 Euro für Sach- und Vermögensschäden besteht,

3. Ablichtungen der Bescheide der Ingenieurkammer-Bau NRW über die Anerkennung als staatlich anerkannte Sachverständige oder staatlich anerkannter Sachverständiger für die Prüfung der Standsicherheit und über die Anerkennung als staatlich anerkannte Sachverständige oder staatlich anerkannter Sachverständiger für Schall- und Wärmeschutz.

(3) Dem Antrag auf Anerkennung als Prüfingenieurin oder Prüfingenieur für Brandschutz nach § 23 Absatz 1 sind beizufügen:

1. ein Lebenslauf mit lückenloser Angabe des fachlichen Werdeganges bis zum Zeitpunkt der Antragstellung,

2. der Nachweis, dass im Falle der Anerkennung eine Haftpflichtversicherung mit Mindestdeckungssummen von 500 000 Euro für Personenschäden und 250 000 Euro für Sach- und Vermögensschäden besteht,

3. der Nachweis über den Abschluss eines Studiengangs der Fachrichtung Architektur, Hochbau, Bauingenieurwesen oder eines Studiengangs mit Schwerpunkt Brandschutz an einer deutschen Hochschule oder eines gleichwertigen Studiums an einer ausländischen Hochschule oder über den Abschluss der Ausbildung für mindestens den gehobenen feuerwehrtechnischen Dienst,

4. die Ablichtung des Bescheides der Architektenkammer Nordrhein-Westfalen oder der Ingenieurkammer-Bau NRW über die Anerkennung als staatlich anerkannte Sachverständige oder staatlich anerkannter Sachverständiger für die Prüfung des Brandschutzes und

5. der Nachweis über mindestens fünf Jahre Erfahrung als staatlich anerkannte Sachverständige oder staatlich anerkannter Sachverständiger für die Prüfung des Brandschutzes in der brandschutztechnischen Planung und Ausführung von Gebäuden oder deren Prüfung, insbesondere von Sonderbauten unterschiedlicher Art mit höherem brandschutztechnischen Schwierigkeitsgrad.

(4) Die oberste Bauaufsichtsbehörde stellt eine Empfangsbestätigung nach § 71b Absatz 3 und 4 des Verwaltungsverfahrensgesetzes für das Land Nordrhein-Westfalen aus. Hat sie nicht innerhalb einer Frist von drei Monaten entschieden, gilt die Anerkennung als erteilt. Es gilt § 42a des Verwaltungsverfahrensgesetzes für das Land Nordrhein-Westfalen mit der Maßgabe, dass die Fristverlängerung zwei Monate nicht übersteigen darf. Verfahren nach den vorstehenden Absätzen können über

eine einheitliche Stelle nach den Vorschriften des Verwaltungsverfahrensgesetzes für das Land Nordrhein-Westfalen abgewickelt werden.

§ 25 (Fn 7)
Gleichwertigkeit

(1) Personen, die in einem anderen Mitgliedstaat der Europäischen Union oder einem nach dem Recht der Europäischen Gemeinschaften gleichgestellten Staat zur Wahrnehmung von Aufgaben im Sinne dieser Verordnung niedergelassen sind, sind berechtigt, Aufgaben des Prüfingenieurs nach dieser Verordnung auszuführen, wenn sie

1. hinsichtlich des Tätigkeitsbereiches eine vergleichbare Berechtigung besitzen,

2. dafür hinsichtlich der Anerkennungsvoraussetzungen und des Nachweises von Kenntnissen vergleichbare Anforderungen erfüllen mussten und

3. die deutsche Sprache in Wort und Schrift beherrschen.

Sie haben das erstmalige Tätigwerden vorher der obersten Bauaufsichtsbehörde anzuzeigen und dabei

1. eine Bescheinigung darüber, dass sie in einem Mitgliedstaat der Europäischen Union oder einem nach dem Recht der Europäischen Gemeinschaften gleichgestellten Staat rechtmäßig zur Wahrnehmung von Aufgaben im Sinne dieser Verordnung niedergelassen sind und ihnen die Ausübung dieser Tätigkeiten zum Zeitpunkt der Vorlage der Bescheinigung nicht, auch nicht vorübergehend, untersagt ist, und

2. einen Nachweis darüber, dass sie im Staat Ihrer Niederlassung dafür die Voraussetzungen des Satzes 1 Nummer 2 erfüllen mussten,

vorzulegen.

Die oberste Bauaufsichtsbehörde soll das Tätigwerden untersagen, wenn die Voraussetzungen des Satzes 1 nicht erfüllt sind; sie hat auf Antrag zu bestätigen, dass die Anzeige nach Satz 2 erfolgt ist.

(2) Personen, die in einem anderen Mitgliedstaat der Europäischen Union oder einem nach dem Recht der Europäischen Gemeinschaften gleichgestellten Staat zur Wahrnehmung von Aufgaben im Sinne dieser Verordnung niedergelassen sind, ohne im Sinne von Absatz 1 Satz 1 Nummer 2 vergleichbar zu sein, sind berechtigt, Aufgaben des Prüfingenieurs nach dieser Verordnung auszuführen, wenn ihnen die Anerkennungsbehörde bescheinigt hat, dass sie die Anforderungen hinsichtlich der Anerkennungsvoraussetzungen, des Nachweises von Kenntnissen und des Tätigkeitsbereiches nach dieser Verordnung erfüllen. Die Bescheinigung wird auf Antrag erteilt, dem die zur Beurteilung erforderlichen Unterlagen beizufügen sind. § 24 Absatz 4 Satz 1 bis 3 gilt entsprechend.

(3) Anzeigen und Bescheinigungen nach Absatz 1 und 2 sind nicht erforderlich, wenn bereits in einem anderen Land eine Anzeige erfolgt ist oder eine Bescheinigung erteilt wurde. Verfahren nach Absatz 1 und 2 können über eine einheitliche Stelle nach den Vorschriften des Verwaltungsverfahrensgesetzes für das Land Nordrhein-Westfalen in der jeweils geltenden Fassung abgewickelt werden.

§ 26 (Fn 10)
Erlöschen, Rücknahme und Widerruf der Anerkennung

(1) Die Anerkennung erlischt

a) durch in Textform erklärten Verzicht gegenüber der obersten Bauaufsichtsbehörde oder der von ihr bestimmten Behörde,

b) wenn die Prüfingenieurin oder der Prüfingenieur das 70. Lebensjahr vollendet hat.

(2) Die Anerkennung ist zurückzunehmen, wenn nachträglich Gründe nach § 23 Absatz 3 bekannt werden, die eine Versagung der Anerkennung gerechtfertigt hätten.

(3) Die Anerkennung ist zu widerrufen, wenn

a) nachträglich Gründe nach § 23 Absatz 2 eintreten, die eine Versagung der Anerkennung rechtfertigen würden,

b) die Prüfingenieurin oder der Prüfingenieur in Folge geistiger oder körperlichen Gebrechen nicht mehr in der Lage ist, ihre oder seine Tätigkeit ordnungsgemäß auszuüben,

c) die Prüfingenieurin oder der Prüfingenieur ohne Genehmigung nach § 22 Absatz 3 Satz 2 an verschiedenen Orten Niederlassungen als Prüfingenieurin oder Prüfingenieur einrichtet,

d) die Prüfingenieurin oder der Prüfingenieur gegen die ihr oder ihm obliegenden Pflichten als Prüfingenieurin oder Prüfingenieur oder als staatlich anerkannte Sachverständige oder staatlich anerkannter Sachverständiger wiederholt oder gröblich verstoßen hat,

e) der nach § 24 Absatz 2 Nummer 2 oder Absatz 3 Nummer 2 geforderte Versicherungsschutz nicht mehr besteht.

(4) Die Anerkennung kann widerrufen werden, wenn die Prüfingenieurin oder der Prüfingenieur ihre oder seine Pflichten als Ingenieurin oder Ingenieur gröblich verletzt hat.

Zweiter Abschnitt
Bautechnische Prüfungen

§ 27 (Fn 11)
Übertragung von Prüfaufgaben

(1) Die untere Bauaufsichtsbehörde kann die erforderliche Prüfung der Standsicherheitsnachweise, der Nachweise des Brandverhaltens der Baustoffe und der Feuerwiderstandsfähigkeit der tragenden Bauteile

und der Nachweise des Schallschutzes einem Prüfamt, einer Prüfingenieurin oder einem Prüfingenieur für Baustatik übertragen. Sie kann darüber hinaus die erforderliche Prüfung der Übereinstimmung eines Vorhabens mit den Brandschutzvorschriften ganz oder teilweise einer Prüfingenieurin oder einem Prüfingenieur für Brandschutz übertragen. Die oberste Bauaufsichtsbehörde oder die von ihr bestimmte Behörde kann anordnen, dass bestimmte Arten von Bauvorhaben nur durch ein Prüfamt oder durch bestimmte Prüfingenieurinnen oder Prüfingenieure geprüft werden dürfen.

(2) Die untere Bauaufsichtsbehörde kann ferner Teile der Bauüberwachung nach § 83 BauO NRW 2018 sowie Teile der Bauzustandsbesichtigungen nach § 84 BauO NRW 2018 einem Prüfamt, einer Prüfingenieurin oder einem Prüfingenieur übertragen. Die Übertragung beschränkt sich auf die in Absatz 1 genannten technischen Bereiche.

(3) Der Prüfauftrag wird von der unteren Bauaufsichtsbehörde erteilt. Sie darf einen Prüfauftrag für die Prüfung der Standsicherheitsnachweise, der Nachweise des Brandverhaltens der Baustoffe und der Feuerwiderstandsfähigkeit der tragenden Bauteile (statisch-konstruktiver Brandschutz) und der Nachweise des Schallschutzes nur einer Prüfingenieurin oder einem Prüfingenieur für Baustatik und nur in den Fachrichtungen erteilen, für die sie oder er anerkannt ist. Sie darf einen Prüfauftrag für die Prüfung der Übereinstimmung eines Vorhabens mit den Brandschutzvorschriften nur einer Prüfingenieurin oder einem Prüfingenieur für Brandschutz erteilen. Auf die Erteilung von Prüfaufträgen besteht kein Rechtsanspruch. Prüfaufträge dürfen nur aus zwingenden Gründen abgelehnt werden.

(4) Die untere Bauaufsichtsbehörde kann in begründeten Fällen, insbesondere wenn Prüfaufträge nicht rechtzeitig erledigt werden, den Prüfauftrag zurückziehen und die Unterlagen zurückfordern.

§ 28 (Fn 11)
Ausführung von Prüfaufträgen

(1) Die Prüfingenieurin oder der Prüfingenieur hat ihre oder seine Prüftätigkeit unparteiisch und gewissenhaft gemäß den bauaufsichtlichen Vorschriften und den allgemein anerkannten Regeln der Technik auszuüben.

(2) Die Prüfingenieurin oder der Prüfingenieur darf sich der Mithilfe von befähigten und zuverlässigen, fest angestellten Mitarbeiterinnen oder Mitarbeitern nur in einem solchen Umfang bedienen, dass sie oder er ihre Tätigkeit voll überwachen kann. Die Prüfingenieurin oder der Prüfingenieur für Baustatik darf sich nur durch eine andere Prüfingenieurin oder einen anderen Prüfingenieur für Baustatik derselben Fachrichtung vertreten lassen. Die Prüfingenieurin oder der Prüfingenieur für Brandschutz darf sich nur durch eine andere Prüfingenieurin oder einen anderen Prüfingenieur für Brandschutz vertreten lassen.

(3) Das Prüfamt, die Prüfingenieurin oder der Prüfingenieur für Baustatik hat die Vollständigkeit und Richtigkeit der Standsicherheitsnachweise, der übrigen bautechnischen Nachweise und der dazugehörigen Ausführungszeichnungen in einem Prüfbericht zu bescheinigen. In dem Prüfbericht ist die untere Bauaufsichtsbehörde auch auf Besonderheiten hinzuweisen, die bei der Erteilung der Baugenehmigung sowie bei der Bauüberwachung und den Bauzustandsbesichtigungen nach den §§ 83 und 84 BauO NRW 2018 sowie der Gebrauchsabnahme nach § 78 Absatz 7 BauO NRW 2018 zu beachten sind. Liegen den Standsicherheitsnachweisen und den übrigen bautechnischen Nachweisen Abweichungen von den nach § 3 Absatz 2 BauO NRW 2018 eingeführten technischen Baubestimmungen oder technischen Regeln zugrunde, so ist in dem Prüfbericht darzulegen, aus welchen Gründen die Abweichungen für gerechtfertigt gehalten werden.

(4) Die Prüfingenieurin oder der Prüfingenieur für Brandschutz prüft die Vollständigkeit und Richtigkeit des Brandschutzkonzeptes unter Beachtung der Leistungsfähigkeit der örtlichen Feuerwehr. Dabei hat sie oder

er die zuständige Brandschutzdienststelle zu beteiligen und deren Anforderungen zu würdigen. Der Umfang und das Ergebnis der Prüfung sind in einem Prüfbericht niederzulegen. In dem Prüfbericht sind die Forderungen der Brandschutzdienststelle kenntlich zu machen. Liegen dem Brandschutzkonzept Abweichungen gemäß § 69 BauO NRW 2018 zugrunde, so ist in dem Prüfbericht darzulegen, aus welchen Gründen die Abweichungen für gerechtfertigt gehalten werden. Die Prüfingenieurin oder der Prüfingenieur für Brandschutz überwacht die ordnungsgemäße Bauausführung hinsichtlich des von ihr oder ihm geprüften Brandschutzkonzeptes.

(5) Prüfaufträge nach § 27 Absatz 2 dürfen nur von geeigneten Fachkräften des Prüfamtes, von der Prüfingenieurin oder dem Prüfingenieur persönlich ausgeführt werden. Absatz 2 gilt entsprechend. Umfang und Ergebnisse der Prüfungen sind in einem Bericht niederzulegen, der der unteren Bauaufsichtsbehörde zuzuleiten ist. Werden bei den Prüfungen festgestellte Mängel trotz Aufforderung durch das Prüfamt, die Prüfingenieurin oder den Prüfingenieur nicht beseitigt, hat es, sie oder er hiervon die untere Bauaufsichtsbehörde unverzüglich zu unterrichten. Dabei soll es, sie oder er auch Maßnahmen vorschlagen, die es, sie oder er für die Beseitigung der Mängel geeignet hält.

(6) Ergibt sich, dass die Prüfung wichtiger oder statisch schwieriger Teile einer baulichen Anlage zu einer Fachrichtung gehört, für die die mit der Prüfung beauftragte Prüfingenieurin oder der mit der Prüfung beauftragte Prüfingenieur für Baustatik nicht nach § 22 Absatz 1 anerkannt ist, so ist sie oder er verpflichtet, bei der unteren Bauaufsichtsbehörde, die ihr oder ihm den Auftrag erteilt hat, die Zuziehung einer Prüfingenieurin oder eines Prüfingenieurs zu veranlassen, die oder der für diese Fachrichtung anerkannt ist.

(7) Die Prüfingenieurin oder der Prüfingenieur darf die Prüfung nicht durchführen, wenn sie oder er oder eine oder einer ihrer oder seiner Mitarbeiterinnen oder Mitarbeiter den Entwurf, die Berechnung oder das Brandschutzkonzept aufgestellt oder dabei mitgewirkt hat.

(8) Das Prüfamt, die Prüfingenieurin oder der Prüfingenieur trägt gegenüber der unteren Bauaufsichtsbehörde die Verantwortung für die Vollständigkeit und Richtigkeit der Prüfung.

§ 29 (Fn 10)
Typenprüfung - Prüfung Fliegender Bauten

(1) Für bauliche Anlagen und Bauteile, die in gleicher Ausführung an mehreren Stellen errichtet oder verwendet werden, können mit dem Bauantrag bereits geprüfte Nachweise der Standsicherheit, des Brandverhaltens der Baustoffe und der Feuerwiderstandsfähigkeit der tragenden Bauteile und des Schallschutzes eingereicht werden; diese Nachweise müssen von einem Prüfamt allgemein geprüft sein (Typenprüfung).

(2) Die Geltungsdauer einer Typenprüfung ist unter dem Vorbehalt des Widerrufs auf höchstens fünf Jahre zu befristen. Sie kann auf in Textform gestellten Antrag um jeweils fünf Jahre verlängert werden.

(3) Die Nachweise der Standsicherheit Fliegender Bauten dürfen nur von den nach § 30 für die Erteilung von Ausführungsgenehmigungen für Fliegende Bauten zuständigen Behörden oder von einem Prüfamt geprüft werden.

Dritter Teil
Regelung von Zuständigkeiten

§ 30 (Fn 5)
Übertragung von Zuständigkeiten für Ausführungsgenehmigungen für Fliegende Bauten

Für die Erteilung von Ausführungsgenehmigungen für Fliegende Bauten (§ 78 Absatz 2 und 3 BauO NRW 2018), für die Verlängerung der Gültigkeitsdauer von Ausführungsgenehmigungen (§ 78 Absatz 5 BauO NRW 2018) sowie für die Eintragung von Änderungen in das Prüfbuch (§ 78 Absatz 6 BauO NRW 2018) sind zuständig

1. die Stadt Dortmund

für den Regierungsbezirk Münster

sowie

für die kreisfreien Städte Bochum, Dortmund, Hagen, Hamm, Herne

und

für die Kreise Ennepe-Ruhr-Kreis und Unna des Regierungsbezirks Arnsberg,

2. die Stadt Essen

für den Regierungsbezirk Düsseldorf,

3. die Stadt Köln

für den Regierungsbezirk Köln,

4. die Stadt Soest

für den Regierungsbezirk Arnsberg, soweit nach Nummer 1 nicht die Stadt Dortmund zuständig ist und

5. die Stadt Bielefeld

für den Regierungsbezirk Detmold.

Vierter Teil (Fn 6)
Schlussvorschriften

§ 31 (Fn 5)
Inkrafttreten, Übergangsvorschriften

(1) Diese Verordnung tritt am 1. Januar 1996 in Kraft.

(2) Prüfingenieurinnen und Prüfingenieure, deren Anerkennung innerhalb des Jahres 2018 durch Vollendung des 68. Lebensjahres erloschen ist, werden auf Antrag ohne erneute Prüfung der Anerkennungsvoraussetzungen anerkannt.

Der Minister für Bauen und Wohnen
des Landes Nordrhein-Westfalen
Hinweis
Wiederherstellung des Verordnungsranges
(Artikel 196 des Dritten Befristungsgesetzes vom 5.4.2005 (GV. NRW. S. 306))

Die in diesem Gesetz erlassenen oder geänderten Rechtsverordnungen können aufgrund der jeweils einschlägigen Verordnungsermächtigungen durch Rechtsverordnung geändert werden.

Recherchierhilfe für elektronische Volltextsuche: Bauprüfverordnung

Anlagen:

- Anlage zur BauPrüfVO (Zeichen für Bauvorlagen) Teil I
- Teil II

Fußnoten:

Fn 1	GV. NW. 1995 S. 1241, geändert durch VO v. 20.2.2000 (GV. NRW. S. 226), Artikel 58 d. EuroAnpG NRW v. 25.9.2001 (GV. NRW. S. 708), geändert durch Art. 3 der VO

v. 20.9.2002 (GV. NRW. S. 454); Artikel 93 des Dritten Befristungsgesetzes vom 5.4.2005 (GV. NRW. S. 306), in Kraft getreten am 28. April 2005; VO vom 17. November 2009 (GV. NRW. S. 712), in Kraft getreten am 28. Dezember 2009; Artikel 1 der Verordnung vom 24. November 2014 (GV. NRW. S. 847), in Kraft getreten am 6. Dezember 2014; Artikel 2 der Verordnung vom 2. Dezember 2016 (GV. NRW. 2017 S. 2), in Kraft getreten am 5. Januar 2017; Verordnung vom 10. Dezember 2018 (GV. NRW. S. 670), in Kraft getreten am 1. Januar 2019 und am 1. Januar 2020; Verordnung vom 2. Juli 2021 (GV. NRW. S. 845), in Kraft getreten am 9. Juli 2021.

Fn 2 SGV. NW. 232.

Fn 3 SGV. NW. 232.

Fn 4 § 1, § 2, § 4, § 5, § 6, § 7, § 8, § 13, § 14, § 16, § 19 und § 20 zuletzt geändert durch Verordnung vom 10. Dezember 2018 (GV. NRW. S. 670), in Kraft getreten am 1. Januar 2019.

Fn 5 § 9, § 11, § 12, § 15, § 17, § 18, § 30 und § 31 neu gefasst durch Verordnung vom 10. Dezember 2018 (GV. NRW. S. 670), in Kraft getreten am 1. Januar 2019; § 11, § 15 neu gefasst durch Verordnung vom 2. Juli 2021 (GV. NRW. S. 845), in Kraft getreten am 9. Juli 2021; § 31 Absatz 3 aufgehoben durch Verordnung vom 2. Juli 2021 (GV. NRW. S. 845), in Kraft getreten am 9. Juli 2021.

Fn 6 Überschrift des Dritten Abschnitts im Ersten Teil und des Vierten Teils geändert durch Verordnung vom 10. Dezember 2018 (GV. NRW. S. 670), in Kraft getreten am 1. Januar 2019.

Fn 7 § 23 und § 25 neu gefasst durch VO vom 17. November 2009 (GV. NRW. S. 712), in Kraft getreten am 28. Dezember 2009; § 23 und § 25 geändert durch Verordnung vom 10. Dezember 2018 (GV. NRW. S. 670), in Kraft getreten am 1. Januar 2019; § 23 und § 25 zuletzt geändert durch Verordnung vom 2. Juli 2021 (GV. NRW. S. 845), in Kraft getreten am 9. Juli 2021.

Fn 8 Der Überschrift wird folgende Fußnote angefügt:
[1])Diese Verordnung dient der Umsetzung der Richtlinie

2006/123/EG des Europäischen Parlaments und des Rates vom 12. Dezember 2006 über Dienstleistungen im Binnenmarkt (ABl. L 376 vom 27.12.2006, S. 36).

Fn 9 § 9a eingefügt durch Verordnung vom 10. Dezember 2018 (GV. NRW. S. 670), in Kraft getreten am 1. Januar 2020; Überschrift geändert durch Verordnung vom 2. Juli 2021 (GV. NRW. S. 845), in Kraft getreten am 9. Juli 2021.

Fn 10 Inhaltsverzeichnis, § 3, § 10, § 21, § 22, § 26 und § 29 zuletzt geändert durch Verordnung vom 2. Juli 2021 (GV. NRW. S. 845). in Kraft getreten am 9. Juli 2021.

Fn 11 § 24, § 27, § 28 neu gefasst durch Verordnung vom 2. Juli 2021 (GV. NRW. S. 845), in Kraft getreten am 9. Juli 2021.

Verwaltungsvorschrift Technische Baubestimmungen NRW (VV TB NRW)

Runderlass des
Ministeriums für Heimat, Kommunales, Bau und Gleichstellung
614 – 408

Vom 15. Juni 2021

Auf Grund des § 88 Absatz 5 Satz 2 in Verbindung mit Absatz 1 der Landesbauordnung 2018 vom 21. Juli 2018 (GV. NRW. S. 421), erlässt das Ministerium für Heimat, Kommunales, Bau und Gleichstellung die folgende Verwaltungsvorschrift:

1

Das Deutsche Institut für Bautechnik, im Folgenden DIBt genannt, veröffentlicht nach Anhörung der beteiligten Kreise im Einvernehmen mit den obersten Bauaufsichtsbehörden der Länder eine Muster-Verwaltungsvorschrift Technische Baubestimmungen, im Folgenden MVV TB genannt. Die MVV TB wird in der jeweils geltenden Fassung vom DIBt auf seiner Internetseite als Amtliche Mitteilung unter www.dibt.de veröffentlicht. Die oberste Bauaufsichtsbehörde verweist auf ihrer Internetseite auf die entsprechende Fundstelle.

2

Die MVV TB, Ausgabe 2020/1, gilt ab dem 1. Juli 2021 als Verwaltungsvorschrift Technische Baubestimmungen NRW, im Folgenden VV TB NRW genannt, soweit sich aus der in Nummer 3 genannten Anlage nichts anderes ergibt. Sollten anschließend neue Ausgaben der MVV TB vom DIBt veröffentlicht werden, so gilt die zuletzt veröffentlichte Ausgabe der MVV TB nach Ablauf von sechs Monaten nach deren Veröffentlichung als VV TB NRW, soweit sich aus der in Nummer 3 genannten Anlage nichts anderes ergibt.

3

In der Anlage zu diesem Runderlass werden landesrechtliche Anpassungen gegenüber der MVV TB aufgeführt. Diese landesrechtlichen Anpassungen gelten anstelle der entsprechenden Bestimmungen der jeweils geltenden Ausgabe der MVV TB.

Die Anlage zu diesem Runderlass wird nicht abgedruckt und ist in der Sammlung des bereinigten Ministerialblattes für das Land Nordrhein-Westfalen (SMBl. NRW.) im Service-Portal „recht.nrw.de - bestens informiert“ unter der Gliederungsnummer 2323 abrufbar. Die Anlage zu diesem Runderlass wird zudem in elektronischer Form auf der Internetseite des für Bauen zuständigen Ministeriums zum Abruf veröffentlicht.

4

Für Bauvorhaben, für die vor dem Inkrafttreten dieses Erlasses ein Bauantrag gestellt wurde, dürfen auch die zum Zeitpunkt der Bauantragsstellung gültigen Technischen Baubestimmungen angewendet werden. Dies gilt entsprechend für verfahrensfreie, zustimmungs- und anzeigepflichtige Vorhaben.

5

Dieser Runderlass tritt am 1. Juli 2021 in Kraft. Gleichzeitig tritt der Runderlass des Ministeriums für Heimat, Kommunales, Bau und Gleichstellung „Verwaltungsvorschrift Technische Baubestimmungen NRW“ vom 7. Dezember 2018 (MBl. NRW. S. 775), der zuletzt durch Runderlass vom 28. September 2020 (MBl. NRW. S. 624, ber. S. 700) geändert worden ist, außer Kraft.

MBl. NRW. 2021 S. 444, geändert durch Runderlass vom 17. Juli 2022 (MBl. NRW. 2022 S. 654).

Feuerungsverordnung (FeuVO NRW)

Vom 10. Dezember 2018 (Fn 1)

Auf Grund des § 87 Absatz 1 Nummer 1 und 5, Absatz 8 und Absatz 9 der Landesbauordnung 2018 – BauO NRW 2018 - vom 21. Juli 2018 (GV. NRW. S. 421) verordnet das Ministerium für Heimat, Kommunales, Bau und Gleichstellung nach Anhörung des zuständigen Ausschusses des Landtages:

§ 1
Einschränkung des Anwendungsbereichs

Für Feuerstätten, Wärmepumpen und Blockheizkraftwerke gilt die Verordnung nur, soweit diese Anlagen der Beheizung von Räumen oder der Warmwasserversorgung dienen oder Gas-Haushalts-Kochgeräte sind. Die Verordnung gilt nicht für Brennstoffzellen und ihre Anlagen zur Abführung der Prozessgase.

§ 2
Begriffe

(1) Als Nennleistung gilt

1. die auf dem Typenschild der Feuerstätte angegebene höchste Leistung, bei Blockheizkraftwerken die Gesamtleistung,

2. die in den Grenzen des auf dem Typenschild angegebenen Leistungsbereiches festeingestellte und auf einem Zusatzschild angegebene höchste nutzbare Leistung der Feuerstätte oder

3. bei Feuerstätten ohne Typenschild die aus dem Brennstoffdurchsatz mit einem Wirkungsgrad von 80 Prozent ermittelte Leistung.

(2) Raumluftunabhängig sind Feuerstätten, denen die Verbrennungsluft über Leitungen oder Schächte nur direkt vom Freien zugeführt wird und bei denen kein Abgas in gefahrdrohender Menge in den Aufstellraum austreten kann. Andere Feuerstätten sind raumluftabhängig.

§ 3
Verbrennungsluftversorgung von Feuerstätten

(1) Für Feuerstätten in Gebäuden ist eine ausreichende Verbrennungsluftversorgung aus dem Freien erforderlich.

(2) Für raumluftabhängige Feuerstätten mit einer Nennleistung von insgesamt nicht mehr als 50 kW reicht die Verbrennungsluftversorgung aus, wenn jeder Aufstellraum eine ins Freie führende Öffnung mit einem lichten Querschnitt von mindestens 150 cm² oder zwei Öffnungen von je mindestens 75 cm² oder Leitungen ins Freie mit strömungstechnisch äquivalenten Querschnitten hat.

(3) Für raumluftabhängige Feuerstätten mit einer Nennleistung von insgesamt mehr als 50 kW reicht die Verbrennungsluftversorgung aus, wenn jeder Aufstellraum eine ins Freie führende Öffnung oder Leitung hat. Der Querschnitt der Öffnung muss mindestens 150 cm² und für jedes über 50 kW hinausgehende Kilowatt 2 cm² mehr betragen. Leitungen müssen strömungstechnisch äquivalent bemessen sein. Der erforderliche Querschnitt darf auf höchstens zwei Öffnungen oder Leitungen aufgeteilt sein.

(4) Verbrennungsluftöffnungen und -leitungen dürfen nicht verschlossen oder zugestellt werden, sofern nicht durch besondere Sicherheitseinrichtungen gewährleistet ist, dass die Feuerstätten nur bei geöffnetem Verschluss betrieben werden können. Der erforderliche Querschnitt darf durch den Verschluss oder durch Gitter nicht verengt werden.

(5) Abweichend von den Absätzen 2 und 3 kann für raumluftabhängige Feuerstätten eine ausreichende Verbrennungsluftversorgung auf andere Weise nachgewiesen werden.

(6) Der Absatz 2 gilt nicht für Gas-Haushalts-Kochgeräte. Die Absätze 2 und 3 gelten nicht für offene Kamine.

§ 4
Aufstellung von Feuerstätten, Gasleitungsanlagen

(1) Feuerstätten dürfen nicht aufgestellt werden

1. in notwendigen Treppenräumen, in Räumen zwischen notwendigen Treppenräumen und Ausgängen ins Freie und in notwendigen Fluren und

2. in Garagen, ausgenommen raumluftunabhängige Feuerstätten, deren Oberflächentemperatur bei Nennleistung nicht mehr als 300°C beträgt.

(2) Der sichere Betrieb von raumluftabhängigen Feuerstätten darf durch den Betrieb von Raumluft absaugenden Anlagen wie Lüftungs- oder Warmluftheizungsanlagen, Dunstabzugshauben, Abluft-Wäschetrockner nicht beeinträchtigt werden. Dies gilt insbesondere als erfüllt, wenn

1. ein gleichzeitiger Betrieb der Feuerstätten und der Luft absaugenden Anlagen durch Sicherheitseinrichtungen verhindert wird,

2. die Abgasabführung durch besondere Sicherheitseinrichtungen überwacht wird,

3. die Abgase der Feuerstätten über die Luft absaugenden Anlagen abgeführt werden oder

4. anlagentechnisch sichergestellt ist, dass während des Betriebes der Feuerstätten kein gefährlicher Unterdruck entstehen kann.

(3) Feuerstätten für gasförmige Brennstoffe ohne Flammenüberwachung dürfen nur in Räumen aufgestellt werden, wenn durch mechanische Lüftungsanlagen während des Betriebes der Feuerstätten stündlich mindestens ein fünffacher Luftwechsel sichergestellt ist. Für Gas-

Haushalts-Kochgeräte genügt ein Außenluftvolumenstrom von 100 m3/h.

(4) Feuerstätten für gasförmige Brennstoffe mit Strömungssicherung dürfen unbeschadet des § 3 in Räumen aufgestellt werden,

1. mit einem Rauminhalt von mindestens 1 m3 je kW Nennleistung dieser Feuerstätten, soweit sie gleichzeitig betrieben werden können,

2. in denen durch unten und oben angeordnete Öffnungen mit einem Mindestquerschnitt von jeweils 75 cm2 ins Freie eine Durchlüftung sichergestellt ist oder

3. in denen durch andere Maßnahmen wie beispielsweise unten und oben in derselben Wand angeordnete Öffnungen mit einem Mindestquerschnitt von jeweils 150 cm2 zu unmittelbaren Nachbarräumen ein zusammenhängender Rauminhalt der Größe nach Nummer 1 eingehalten wird.

(5) Gasleitungsanlagen in Räumen müssen so beschaffen, angeordnet oder mit Vorrichtungen ausgerüstet sein, dass bei einer äußeren thermischen Beanspruchung von bis zu 650°C über einen Zeitraum von 30 Minuten keine gefährlichen Gas-Luft-Gemische entstehen können. Alle Gasentnahmestellen müssen mit einer Vorrichtung ausgerüstet sein, die im Brandfall die Brennstoffzufuhr selbsttätig absperrt. Satz 2 gilt nicht, wenn Gasleitungsanlagen durch Ausrüstung mit anderen selbsttätigen Vorrichtungen die Anforderungen nach Satz 1 erfüllen.

(6) Feuerstätten für Flüssiggas (Propan, Butan und deren Gemische) dürfen in Räumen, deren Fußboden an jeder Stelle mehr als 1 m unter der Geländeoberfläche liegt, nur aufgestellt werden, wenn

1. die Feuerstätten eine Flammenüberwachung haben und

2. sichergestellt ist, dass auch bei abgeschalteter Feuerungseinrichtung Flüssiggas aus den im Aufstellraum befindlichen Brennstoffleitungen in gefahrdrohender Menge nicht austreten kann oder über eine mechanische Lüftungsanlage sicher abgeführt wird.

(7) Feuerstätten müssen von Bauteilen aus brennbaren Baustoffen so weit entfernt oder so abgeschirmt sein, dass an diesen bei Nennleistung der Feuerstätten keine höheren Temperaturen als 85°C auftreten können. Dies gilt als erfüllt, wenn mindestens die vom Hersteller angegebenen Abstandsmaße eingehalten werden oder, wenn diese Angaben fehlen, ein Mindestabstand von 40 cm eingehalten wird.

(8) Vor den Feuerungsöffnungen von Feuerstätten für feste Brennstoffe sind Fußböden aus brennbaren Baustoffen in einem ausreichenden Abstand durch einen Belag aus nichtbrennbaren Baustoffen zu schützen. Dies gilt als erfüllt, wenn der Belag sich nach vorn auf mindestens 50 cm und seitlich auf mindestens 30 cm über die Feuerungsöffnung hinaus erstreckt, die Maßangaben des Herstellers eingehalten sind oder ein nichtbrennbarer Belag gemäß Herstellerangaben nicht erforderlich ist.

(9) Bauteile aus brennbaren Baustoffen müssen von den Feuerraumöffnungen offener Kamine nach oben und nach den Seiten einen Abstand von mindestens 80 cm haben. Bei Anordnung eines beiderseits belüfteten Strahlungsschutzes genügt ein Abstand von 40 cm.

§ 5
Aufstellräume für Feuerstätten

(1) In einem Raum dürfen Feuerstätten mit einer Nennleistung von insgesamt mehr als 100 kW nur gleichzeitig betriebenen werden, wenn dieser Raum

1. nicht anderweitig genutzt wird, ausgenommen zur Aufstellung von Wärmepumpen, Blockheizkraftwerken und ortsfesten Verbrennungsmotoren sowie für zugehörige Installationen und zur Lagerung von Brennstoffen,

2. gegenüber anderen Räumen keine Öffnungen, ausgenommen Öffnungen für Türen, hat,

3. dicht- und selbstschließende Türen hat und

4. gelüftet werden kann.

In einem Raum nach Satz 1 dürfen Feuerstätten für feste Brennstoffe jedoch nur aufgestellt werden, wenn deren Nennleistung insgesamt nicht mehr als 50 kW beträgt.

(2) Feuerstätten für gasförmige Brennstoffe mit einer Nennleistung von mehr als 100 kW, die mit Überdruck betrieben werden und deren Abgase mit Überdruck abgeführt werden, müssen innerhalb von Gebäuden in Räumen aufgestellt werden, die zwei unmittelbar ins Freie führende, unten und oben angeordnete, Öffnungen mit einem Mindestquerschnitt von 150 cm² aufweisen zuzüglich 1 cm² für jedes über 100 kW hinausgehende kW. Dies gilt nicht, wenn diese Feuerstätten der Bauart nach so beschaffen sind, dass Abgase in gefahrdrohender Menge nicht austreten können.

(3) Brenner und Brennstofffördereinrichtungen der Feuerstätten für flüssige und gasförmige Brennstoffe mit einer Gesamtnennleistung von mehr als 100 kW müssen durch einen außerhalb des Aufstellraumes angeordneten Schalter (Notschalter) jederzeit abgeschaltet werden können. Neben dem Notschalter muss ein Schild mit der Aufschrift „NOTSCHALTER-FEUERUNG“ vorhanden sein.

(4) Wird in dem Aufstellraum nach Absatz 1 Heizöl gelagert oder ist der Raum für die Heizöllagerung nur von diesem Aufstellraum zugänglich, muss die Heizölzufuhr von der Stelle des Notschalters nach Absatz 3 aus durch eine entsprechend gekennzeichnete Absperreinrichtung unterbrochen werden können.

(5) Abweichend von Absatz 1 dürfen die Feuerstätten auch in anderen Räumen aufgestellt werden, wenn die Nutzung dieser Räume dies erfordert und die Feuerstätten sicher betrieben werden können.

§ 6
Heizräume

(1) Feuerstätten für feste Brennstoffe mit einer Nennleistung von insgesamt mehr als 50 kW, die gleichzeitig betrieben werden sollen, dürfen nur in besonderen Räumen (Heizräumen) aufgestellt werden. § 5 Absatz 4 und 5 gilt entsprechend. Die Heizräume dürfen

1. nicht anderweitig genutzt werden, ausgenommen zur Aufstellung von Feuerstätten für flüssige und gasförmige Brennstoffe, Wärmepumpen, Blockheizkraftwerke, ortsfesten Verbrennungsmotoren und für zugehörige Installationen sowie zur Lagerung von Brennstoffen und

2. mit Aufenthaltsräumen, ausgenommen solchen für das Betriebspersonal, sowie mit notwendigen Treppenräumen, Räumen zwischen notwendigen Treppenräumen und dem Ausgang ins Freie, Sicherheitsschleusen und Vorräumen von Feuerwehraufzügen nicht in unmittelbarer Verbindung stehen.

Wenn in Heizräumen Feuerstätten für flüssige und gasförmige Brennstoffe aufgestellt werden, gilt § 5 Absatz 3 entsprechend.

(2) Heizräume müssen

1. mindestens einen Rauminhalt von 8 m^3 und eine lichte Höhe von 2 m,

2. einen Ausgang, der ins Freie oder einen Flur führt, der die Anforderungen an notwendige Flure erfüllt, und

3. Türen, die in Fluchtrichtung aufschlagen,

haben.

(3) Wände, ausgenommen nichttragende Außenwände, und Stützen von Heizräumen sowie Decken über und unter ihnen müssen feuerbeständig sein. Öffnungen in Decken und Wänden müssen, soweit sie nicht unmittelbar ins Freie führen, mindestens feuerhemmende und

selbstschließende Abschlüsse haben. Die Sätze 1 und 2 gelten nicht für Trennwände zwischen Heizräumen und den zum Betrieb der Feuerstätten gehörenden Räumen, wenn diese Räume die Anforderungen der Sätze 1 und 2 erfüllen.

(4) Heizräume müssen zur Raumlüftung jeweils eine obere und eine untere Öffnung ins Freie mit einem Querschnitt von mindestens je 150 cm2 oder Leitungen ins Freie mit strömungstechnisch äquivalenten Querschnitten haben. § 3 Absatz 4 gilt sinngemäß. Der Querschnitt einer Öffnung oder Leitung darf auf die Verbrennungsluftversorgung nach § 3 Absatz 3 angerechnet werden.

(5) Lüftungsleitungen für Heizräume müssen eine Feuerwiderstandsdauer von mindestens 90 Minuten haben, soweit sie durch andere Räume führen, ausgenommen angrenzende, zum Betrieb der Feuerstätten gehörende Räume, die die Anforderungen nach Absatz 3 Satz 1 und 2 erfüllen. Die Lüftungsleitungen dürfen mit anderen Lüftungsanlagen nicht verbunden sein und nicht der Lüftung anderer Räume dienen.

(6) Lüftungsleitungen, die der Lüftung anderer Räume dienen, müssen, soweit sie durch Heizräume führen,

1. eine Feuerwiderstandsdauer von mindestens 90 Minuten oder selbsttätige Absperrvorrichtungen mit einer Feuerwiderstandsdauer von mindestens 90 Minuten haben und

2. ohne Öffnungen sein.

§ 7
Abgasanlagen

(1) Abgasanlagen müssen nach lichtem Querschnitt und Höhe, soweit erforderlich auch nach Wärmedurchlasswiderstand und Beschaffenheit der inneren Oberfläche, so bemessen sein, dass die Abgase bei allen bestimmungsgemäßen Betriebszuständen ins Freie abgeführt werden und gegenüber Räumen kein gefährlicher Überdruck auftreten kann.

(2) Die Abgase von Feuerstätten für feste Brennstoffe müssen in Schornsteine, die Abgase von Feuerstätten für flüssige oder gasförmige Brennstoffe dürfen auch in Abgasleitungen eingeleitet werden. § 41 Absatz 4 der Landesbauordnung 2018 vom 21. Juli 2018 (GV. NRW. S. 421) in der jeweils geltenden Fassung (im Folgenden BauO NRW 2018 genannt) bleibt unberührt.
(3) Abweichend von Absatz 2 Satz 1 sind Feuerstätten für gasförmige Brennstoffe ohne Abgasanlage zulässig, wenn durch einen sicheren Luftwechsel im Aufstellraum gewährleistet ist, dass Gefahren oder unzumutbare Belästigungen nicht entstehen. Dies gilt insbesondere als erfüllt, wenn

1. durch maschinelle Lüftungsanlagen während des Betriebs der Feuerstätten ein Luftvolumenstrom von mindestens 30 m^3/h je kW Nennleistung aus dem Aufstellraum ins Freie abgeführt wird oder

2. besondere Sicherheitseinrichtungen verhindern, dass die Kohlenmonoxid-Konzentration in den Aufstellräumen einen Wert von 30 ppm überschreitet.

Bei Gas-Haushalts-Kochgeräten, soweit sie gleichzeitig betrieben werden können, mit einer Nennleistung von nicht mehr als 11 kW gilt Satz 1 als erfüllt wenn der Aufstellraum einen Rauminhalt von mehr als 15 m3 aufweist und mindestens eine Tür ins Freie oder ein Fenster hat, das geöffnet werden kann.

(4) Mehrere Feuerstätten dürfen an einen gemeinsamen Schornstein, an eine gemeinsame Abgasleitung oder an ein gemeinsames Verbindungsstück nur angeschlossen werden, wenn

1. durch die Bemessung nach Absatz 1 und die Beschaffenheit der Abgasanlage die Ableitung der Abgase für jeden Betriebszustand sichergestellt ist,

2. eine Übertragung von Abgasen zwischen den Aufstellräumen und ein Austritt von Abgasen über andere Feuerstätten ausgeschlossen sind,

3. die gemeinsame Abgasleitung aus nichtbrennbaren Baustoffen besteht oder eine Brandübertragung zwischen den Geschossen durch selbsttätige Absperrvorrichtungen oder andere Maßnahmen verhindert wird und

4. die Anforderungen des § 4 Absatz 2 für alle angeschlossenen Feuerstätten gemeinsam erfüllt sind.

(5) In Gebäuden muss jede Abgasleitung, die Geschosse überbrückt, in einem eigenen Schacht angeordnet sein. Dies gilt nicht

1. für Abgasleitungen in Gebäuden der Gebäudeklassen 1 und 2, die durch nicht mehr als eine Nutzungseinheit führen,

2. für einfach belegte Abgasleitungen im Aufstellraum der Feuerstätte,

3. für Abgasleitungen, die eine Feuerwiderstandsdauer von mindestens 90 Minuten haben, und

4. für Abgasleitungen, die eine Feuerwiderstandsdauer von mindestens 30 Minuten haben, in Gebäuden der Gebäudeklassen 1 und 2.

Schächte für Abgasleitungen dürfen nicht anderweitig genutzt werden. Die Anordnung mehrerer Abgasleitungen in einem gemeinsamen Schacht ist zulässig, wenn

1. die Abgasleitungen aus nichtbrennbaren Baustoffen bestehen,

2. die zugehörigen Feuerstätten in demselben Geschoss aufgestellt sind oder

3. eine Brandübertragung zwischen den Geschossen durch selbsttätige Absperrvorrichtungen oder andere Maßnahmen verhindert wird.

Die Schächte müssen für die Verwendung als Schächte für Abgasleitungen geeignet sein und eine Feuerwiderstandsdauer von mindestens 90 Minuten, in Gebäuden der Gebäudeklassen 1 und 2 von mindestens 30 Minuten haben.

(6) Abgasleitungen aus normalentflammbaren Baustoffen innerhalb von Gebäuden müssen, soweit sie nicht gemäß Absatz 5 in Schächten zu verlegen sind, zum Schutz gegen mechanische Beanspruchung von außen in Schutzrohren aus nichtbrennbaren Baustoffen angeordnet oder mit vergleichbaren Schutzvorkehrungen aus nichtbrennbaren Baustoffen ausgestattet sein. Dies gilt nicht für Abgasleitungen im Aufstellraum der Feuerstätten. § 8 bleibt unberührt.

(7) Schornsteine müssen

1. gegen Rußbrände beständig sein,

2. in Gebäuden, in denen sie Geschosse überbrücken, eine Feuerwiderstandsdauer von mindestens 90 Minuten haben oder in durchgehenden Schächten, die für die Verwendung als Schächte für Schornsteine geeignet sind und die eine Feuerwiderstandsdauer von 90 Minuten haben, angeordnet sein,

3. unmittelbar auf dem Baugrund gegründet oder auf einem feuerbeständigen Unterbau errichtet sein; es genügt ein Unterbau aus nichtbrennbaren Baustoffen für Schornsteine in Gebäuden der Gebäudeklassen 1 bis 3, für Schornsteine, die oberhalb der obersten Geschossdecke beginnen sowie für Schornsteine an Gebäuden,

4. durchgehend, insbesondere nicht durch Decken unterbrochen sein und

5. für die Reinigung Öffnungen mit Schornsteinreinigungsverschlüssen haben.

(8) Schornsteine, Abgasleitungen und Verbindungsstücke, die unter Überdruck betrieben werden, müssen innerhalb von Gebäuden

1. in vom Freien dauernd gelüfteten Räumen liegen,

2. in Räumen liegen, die § 3 Absatz 2 entsprechen,

3. soweit sie in Schächten liegen, über die gesamte Länge und den ganzen Umfang hinterlüftet sein oder

4. der Bauart nach so beschaffen sein, dass Abgase in gefahrdrohender Menge nicht austreten können.

(9) Verbindungsstücke dürfen nicht in Decken, Wänden oder unzugänglichen Hohlräumen angeordnet sowie nicht in andere Geschosse oder Nutzungseinheiten geführt werden.

(10) Luft-Abgas-Systeme sind zur Abgasabführung nur zulässig, wenn sie getrennte, durchgehende Luft- und Abgasführungen haben. An diese Systeme dürfen nur raumluftunabhängige Feuerstätten angeschlossen werden, deren Bauart sicherstellt, dass sie für diese Betriebsweise geeignet sind. Im Übrigen gelten für Luft-Abgas-Systeme die Absätze 4 bis 9 sinngemäß.

§ 8
Abstände von Abgasanlagen zu brennbaren Bauteilen

(1) Abgasanlagen müssen zu Bauteilen aus brennbaren Baustoffen so weit entfernt oder so abgeschirmt sein, dass an den genannten Bauteilen

1. bei Nennleistung keine höheren Temperaturen als 85°C und

2. bei Rußbränden in Schornsteinen keine höheren Temperaturen als 100°C

auftreten können.

(2) Die Anforderungen von Absatz 1 gelten insbesondere als erfüllt, wenn

1. die aufgrund von harmonisierten technischen Spezifikationen angegebenen Abstände eingehalten sind,

2. bei Abgasanlagen für Abgastemperaturen der Feuerstätten bei Nennleistung bis zu 400°C, deren Wärmedurchlasswiderstand mindestens 0,12 m^2K/W und deren Feuerwiderstandsdauer mindestens 90 Minuten beträgt, ein Mindestabstand von 5 cm eingehalten ist; dieser Abstand gilt auch für Schächte, in denen Abgasanlagen für Abgastemperaturen der Feuerstätten bei Nennleistung bis zu 400°C verlegt sind und die allein oder zusammen mit Abgasanlagen die zuvor genannten Eigenschaften aufweisen,

3. bei Abgasanlagen für Abgastemperaturen der Feuerstätten bei Nennleistung bis zu 400°C ein Mindestabstand von 40 cm eingehalten ist, oder

4. die Abgasleitungen in feuerwiderstandsfähigen Schächten verlegt sind und die Abgastemperatur der Feuerstätten bei Nennleistung nicht mehr als 120°C betragen kann oder bei höheren Abgastemperaturen eine Hinterlüftung im Schacht von mindestens 2 cm bei runder Abgasleitung in rechteckigem Schacht und ansonsten 3 cm gewährleistet ist.

Im Fall des Satzes 1 Nummer 2 ist

1. zu Holzbalken und Bauteilen entsprechender Abmessungen ein Mindestabstand von 2 cm ausreichend,

2. zu Bauteilen mit geringer Fläche wie Fußleisten und Dachlatten, soweit die Ableitung der Wärme aus diesen Bauteilen nicht durch Wärmedämmung behindert wird, kein Mindestabstand erforderlich.

Abweichend von Satz 1 Nummer 3 genügt bei Abgasleitungen für Abgastemperaturen der Feuerstätten bis zu 300°C bei Nennleistung außerhalb von Schächten

1. ein Mindestabstand von 20 cm oder

2. wenn die Abgasleitungen mindestens 2 cm dick mit nichtbrennbaren Baustoffen mit geringer Wärmeleitfähigkeit ummantelt sind oder die Abgastemperatur der Feuerstätte bei Nennleistung nicht mehr als 160°C betragen kann, ein Mindestabstand von 5 cm.

Abweichend von Satz 1 Nummer 3 genügt für Verbindungsstücke ein Mindestabstand von 10 cm, wenn die Verbindungsstücke mindestens 2 cm dick mit nichtbrennbaren Baustoffen mit geringer Wärmeleitfähigkeit ummantelt sind. Die Mindestabstände gelten für den Anwendungsfall der Hinterlüftung.

(3) Bei Abgasleitungen und Verbindungsstücken für Abgastemperaturen der Feuerstätten bei Nennleistung bis zu 400°C, die durch Bauteile aus brennbaren Baustoffen führen, gelten die Anforderungen von Absatz 1 insbesondere als erfüllt, wenn diese Leitungen und Verbindungsstücke

1. in einem Mindestabstand von 20 cm mit einem Schutzrohr aus nichtbrennbaren Baustoffen versehen oder

2. in einer Dicke von mindestens 20 cm mit nichtbrennbaren Baustoffen mit geringer Wärmeleitfähigkeit ummantelt werden.

Abweichend von Satz 1 genügt bei Feuerstätten für flüssige oder gasförmige Brennstoffe ein Maß von 5 cm, wenn die Abgastemperatur bei Nennleistung der Feuerstätten nicht mehr als 160°C betragen kann.

(4) Werden bei der Durchführung von Abgasleitungen durch Bauteile aus brennbaren Baustoffen Zwischenräume verschlossen, müssen dafür nichtbrennbare Baustoffe mit geringer Wärmeleitfähigkeit verwendet und die Anforderungen des Absatzes 1 erfüllt werden.

§ 9
Abführung von Abgasen

(1) Die Mündungen von Abgasanlagen müssen

1. den First um mindestens 40 cm überragen oder von der Dachfläche mindestens 1 m entfernt sein; ein Abstand von der Dachfläche von 40 cm genügt, wenn nur raumluftunabhängige Feuerstätten für flüssige oder gasförmige Brennstoffe angeschlossen sind, die Summe der Nennleistungen der angeschlossenen Feuerstätten nicht mehr als 50 kW beträgt und das Abgas durch Ventilatoren abgeführt wird,

2. Dachaufbauten, Gebäudeteile, Öffnungen zu Räumen und ungeschützte Bauteile aus brennbaren Baustoffen, ausgenommen Bedachungen, um mindestens 1 m überragen, soweit deren Abstand zu den Abgasanlagen weniger als 1,5 m beträgt, und

3. bei Feuerstätten für feste Brennstoffe in Gebäuden, deren Bedachung überwiegend nicht den Anforderungen des § 32 Absatz 1 BauO NRW 2018 entspricht, am First des Daches austreten und diesen um mindestens 80 cm überragen.

Satz 1 Nummer 2 gilt nicht für Abgasleitungen untereinander, sofern diese die gleiche Temperaturklasse aufweisen und die Abgastemperaturen der Feuerstätten bei Nennleistung 160°C nicht überschreiten.

(2) Die Abgase von raumluftunabhängigen Feuerstätten für gasförmige Brennstoffe dürfen nur dann durch die Außenwand ins Freie geleitet werden, wenn keine Gefahren oder unzumutbare Belästigungen entstehen können. Die Abführung der Abgase muss so in den freien Luftstrom erfolgen, dass sie nicht in Räume eintreten oder in diese rückgeführt werden können.

§ 10
Wärmepumpen, Blockheizkraftwerke und ortsfeste Verbrennungsmotoren

(1) Für die Aufstellung von

1. Sorptionswärmepumpen mit feuerbeheizten Austreibern,

2. Blockheizkraftwerken in Gebäuden und

3. ortsfesten Verbrennungsmotoren

gelten § 3 Absatz 1 bis 5 sowie § 4 Absatz 1 bis 7 entsprechend.

(2) Es dürfen

1. Sorptionswärmepumpen mit einer Nennleistung der Feuerung von insgesamt mehr als 50 kW,

2. Wärmepumpen, die die Abgaswärme von Feuerstätten mit einer Nennleistung von insgesamt mehr als 50 kW nutzen,

3. Kompressionswärmepumpen mit elektrisch angetriebenen Verdichtern mit Antriebsleistungen von insgesamt mehr als 50 kW,

4. Kompressionswärmepumpen mit Verbrennungsmotoren,

5. Blockheizkraftwerke mit insgesamt mehr als 35 kW Nennleistung in Gebäuden und

6. ortsfeste Verbrennungsmotoren

nur in Räumen aufgestellt werden, die die Anforderungen nach § 5 erfüllen. Dies gilt auch für Kombinationen von Feuerstätten und Anlagen nach Nummern 1 bis 3 sowie 5, die gemeinsam betrieben werden sollen mit insgesamt mehr als 100 kW Nennleistung.

(3) Die Verbrennungsgase von Blockheizkraftwerken und ortsfesten Verbrennungsmotoren in Gebäuden sind durch eigene, dichte Leitungen über Dach abzuleiten. Mehrere Verbrennungsmotoren dürfen an eine gemeinsame Leitung nach Maßgabe des § 7 Absatz 4 angeschlossen werden. Die Leitungen müssen außerhalb der Aufstellräume der Verbrennungsmotoren nach Maßgabe des § 7 Absatz 5 und 8 sowie § 8 beschaffen oder angeordnet sein.

(4) Die Einleitung der Verbrennungsgase von Blockheizkraftwerken oder ortsfesten Verbrennungsmotoren in Abgasanlagen für Feuerstätten ist zulässig, wenn die einwandfreie Abführung der Verbrennungsgase und, soweit Feuerstätten angeschlossen sind, auch die einwandfreie Abführung der Abgase nachgewiesen ist. § 7 Absatz 1 gilt entsprechend.

(5) Für die Abführung der Abgase von Sorptionswärmepumpen mit feuerbeheizten Austreibern und Abgaswärmepumpen gelten die §§ 7 bis 9 entsprechend.

§ 11
Brennstofflagerung in Brennstofflagerräumen

(1) Je Gebäude oder Brandabschnitt darf die Lagerung von

1. Holzpellets von mehr als 6 500 kg,

2. sonstigen festen Brennstoffen in einer Menge von mehr als 15 000 kg,

3. Heizöl und Dieselkraftstoff in Behältern mit mehr als insgesamt 5 000 l oder

4. Flüssiggas in Behältern mit einem Füllgewicht von mehr als insgesamt 16 kg

nur in besonderen Räumen (Brennstofflagerräume) erfolgen, die nicht zu anderen Zwecken genutzt werden dürfen. Das Fassungsvermögen der Behälter darf insgesamt 100 000 l Heizöl oder Dieselkraftstoff oder 6 500 l Flüssiggas je Brennstofflagerraum und 30 000 l Flüssiggas je Gebäude oder Brandabschnitt nicht überschreiten.

(2) Wände und Stützen von Brennstofflagerräumen sowie Decken über oder unter ihnen müssen feuerbeständig sein. Öffnungen in Decken und Wänden müssen, soweit sie nicht unmittelbar ins Freie führen, mindestens feuerhemmende und selbstschließende Abschlüsse haben. Durch Decken und Wände von Brennstofflagerräumen dürfen keine Leitungen geführt werden, ausgenommen Leitungen, die zum Betrieb dieser Räume erforderlich sind sowie Heizrohrleitungen, Wasserleitungen und Abwasserleitungen. Die Sätze 1 und 2 gelten nicht für Trennwände zwischen Brennstofflagerräumen und Heizräumen.

(3) Brennstofflagerräume für flüssige Brennstoffe müssen

1. gelüftet und von der Feuerwehr vom Freien aus beschäumt werden können und

2. an den Zugängen mit der Aufschrift „HEIZÖLLAGERUNG“ oder „DIESELKRAFTSTOFFLAGERUNG“ gekennzeichnet sein.

(4) Brennstofflagerräume für Flüssiggas

1. müssen über eine ständig wirksame Lüftung verfügen,

2. dürfen keine Öffnungen zu anderen Räumen, ausgenommen Öffnungen für Türen, und keine offenen Schächte und Kanäle haben,

3. dürfen mit ihren Fußböden nicht allseitig unterhalb der Geländeoberfläche liegen,

4. dürfen in ihren Fußböden keine Öffnungen haben,

5. müssen an ihren Zugängen mit der Aufschrift „FLÜSSIGGASANLAGE“ gekennzeichnet sein und

6. dürfen nur mit Geräten und Schutzsystemen zur bestimmungsgemäßen Verwendung in explosionsgefährdeten Bereichen ausgestattet werden, die der Explosionsschutzprodukteverordnung vom 6. Januar 2016 (BGBl. I S. 39) entsprechen.

(5) Brennstofflagerräume für Holzpellets müssen vor dem Betreten ausreichend gelüftet werden können. Die Brennstofflagerräume sind an ihren Zugängen mit der Aufschrift „HOLZPELLETLAGERRAUM – Lebensgefahr durch giftige Gase – Vor Betreten ausreichend lüften!" zu kennzeichnen. Absatz 4 Nummer 6 gilt entsprechend. Für bestehende Brennstofflagerräume für Holzpellets sind die Anforderungen nach Satz 1 und 2 innerhalb von zwei Jahren nach Inkrafttreten der Verordnung zu erfüllen.

(6) Die Anforderung des ausreichenden Lüftens eines Brennstofflagerraumes für Holzpellets vor Betreten gilt als erfüllt, wenn vor dem Betreten des Lagerraums für mindestens 60 Minuten ein zehnfacher Luftwechsel stattfinden kann. Abweichende technische Lösungen sind zulässig, sofern das Schutzziel erreicht wird.

§ 12
Brennstofflagerung außerhalb von Brennstofflagerräumen

(1) Feste Brennstoffe sowie Behälter zur Lagerung von brennbaren Gasen und Flüssigkeiten dürfen nicht in notwendigen Treppenräumen, in Räumen zwischen notwendigen Treppenräumen und Ausgängen ins Freie und in notwendigen Fluren gelagert oder aufgestellt werden.

(2) Heizöl oder Dieselkraftstoff dürfen gelagert werden

1. in Wohnungen bis zu 100 l,

2. in Räumen außerhalb von Wohnungen bis zu 1 000 l,

3. in Räumen außerhalb von Wohnungen bis zu 5 000 l je Gebäude oder Brandabschnitt, wenn diese Räume gelüftet werden können und

gegenüber anderen Räumen keine Öffnungen, ausgenommen Öffnungen mit dichtschließenden Türen, haben, und

4. in Räumen in Gebäuden der Gebäudeklasse 1 mit nicht mehr als einer Nutzungseinheit, die keine Aufenthaltsräume sind und den Anforderungen nach Nummer 3 genügen, bis zu 5 000 l.

(3) Sind in den Räumen nach Absatz 2 Nummer 2 bis 4 Feuerstätten aufgestellt, müssen diese außerhalb erforderlicher Auffangräume für auslaufenden Brennstoff stehen. Behälter für Heizöl und Dieselkraftstoff müssen einen Abstand von mindestens 1 m zur Feuerungsanlage haben. Dieser Abstand kann bis auf die Hälfte verringert werden, wenn ein beiderseits belüfteter Strahlungsschutz vorhanden ist. Ein Abstand von 0,1 m zur Feuerstätte genügt, wenn nachgewiesen ist, dass deren Oberflächentemperatur 40°C nicht überschreitet.

(4) Flüssiggas darf in Wohnungen und in Räumen außerhalb von Wohnungen gelagert werden jeweils in einem Behälter mit einem Füllgewicht von nicht mehr als 16 kg, wenn die Fußböden allseitig oberhalb der Geländeoberfläche liegen und außer Abläufen mit Flüssigkeitsverschluss keine Öffnungen haben.

(5) Für die Lagerung von mehr als 500 kg Holzpellets gilt § 11 Absatz 5 und 6 entsprechend.

§ 13
Flüssiggasanlagen und Dampfkesselanlagen

Flüssiggasanlagen und Dampfkesselanlagen, die weder gewerblichen noch wirtschaftlichen Zwecken dienen oder durch die keine Beschäftigten gefährdet werden können, dürfen nur errichtet werden, wenn sie der Druckgeräteverordnung vom 13. Mai 2015 (BGBl. I S. 692), die durch Artikel 2 der Verordnung vom 6. April 2016 (BGBl. I S. 597) geändert worden ist, entsprechen.

§ 14
Prüfungen

(1) Die §§ 15 und 16 der Betriebssicherheitsverordnung vom 3. Februar 2015 (BGBl. I S. 49), die zuletzt durch Artikel 5 Absatz 7 der Verordnung vom 18. Oktober 2017 (BGBl. I S. 3584) geändert worden ist, sind für Flüssiggas- und Dampfkesselanlagen sowie Geräte und Schutzsysteme zur Verwendung in explosionsgefährdeten Bereichen entsprechend anzuwenden. Dies gilt nicht für die in diesen Vorschriften genannten Flüssiggasanlagen und Dampfkesselanlagen, auf die diese Vorschriften keine Anwendung finden. Eine sicherheitstechnische Bewertung der Anlagen zur Ermittlung der Prüffristen ist nicht erforderlich, es gelten die Höchstfristen.

(2) Zuständige Behörden im Sinne der Vorschriften nach Absatz 1 sind die unteren Bauaufsichtsbehörden.

§ 15
Inkrafttreten, Außerkrafttreten

Diese Verordnung tritt am 1. Januar 2019 in Kraft. Gleichzeitig tritt die Feuerungsverordnung vom 11. März 2008 (GV. NRW. S. 338), die durch Verordnung vom 29. November 2012 (GV. NRW. S. 616) geändert worden ist, außer Kraft.

[1] Notifiziert gemäß der Richtlinie (EU) 2015/1535 des Europäischen Parlaments und des Rates vom 9. September 2015 über ein Informationsverfahren auf dem Gebiet der technischen Vorschriften und der Vorschriften für die Dienste der Informationsgesellschaft (ABl. L 241 vom 17.9.2015, S. 1).

Die Ministerin

für Heimat, Kommunales, Bau und Gleichstellung

des Landes Nordrhein-Westfalen

Fußnoten:

Fn 1 In Kraft getreten am 1. Januar 2019 (GV. NRW. 2018 S. 675).